Inhaltsverzeichnis

Vorwort

Digitale Medien und Spanischunterricht in der Schule – das passt zusammen! In den insgesamt 14 Stundenentwürfen dieses Themenheftes werden Standardthemen der Sekundarstufe I mit dem Einsatz von Tablets, Smartphones, Apps, Webtools und Co verknüpft.

Sie decken die verschiedenen Lernjahre vom Anfänger bis zum fortgeschrittenen Lerner der spanischen Sprache ab, sind kompetenzorientiert und berücksichtigen die Vorgaben der Lehrpläne wie die gängigen Kompetenzbereiche und Themenfelder, die auch in modernen Lehrwerken die Grundlage bilden.

Dabei kommt es nicht darauf an, ob Sie als Lehrkraft ein Anfänger im Bereich *Unterricht mit den Neuen Medien* sind oder ob Sie bereits über Erfahrung verfügen. Jeder Entwurf folgt dem gleichen strukturierten Aufbau:

Zunächst erwartet Sie eine Beschreibung als thematische Übersicht über den Inhalt sowie den Ablauf der Unterrichtsstunde. Neben den benötigten digitalen Medien (Gerät und konkrete App bzw. Webtool) finden Sie Hinweise für Sie als Lehrkraft, die Ihnen im Vorfeld bei der Vorbereitung helfen sollen. Neben den digitalen Medien benötigen Sie gegebenenfalls weitere Materialien – diese finden Sie ebenso aufgeführt wie Kopiervorlagen, die benötigtes Vokabular oder Impulsfragen als Hilfestellung für die SuS beinhalten. Die geförderten Kompetenzbereiche werden genannt und Sie werden vor möglichen Stolpersteinen auf sprachlich-inhaltlicher Ebene oder im technisch-didaktischen Bereich gewarnt. Schließlich finden Sie einen Stundenverlauf, der die einzelnen Phasen des Stundenentwurfs skizziert. Dieser ist bewusst nicht minutiös verfasst, sondern fokussiert die einzelnen Phasen mit den jeweiligen unterrichtlichen Schwerpunkten, sodass Sie als Lehrkraft entsprechenden Freiraum für didaktische Entscheidungen haben, die zu Ihnen als Lehrkraft und zu Ihrem Unterricht passen.

Alle Unterrichtsentwürfe sind neben dem Kompetenz- und Lehrplanbezug unter Berücksichtigung weiterer didaktischer Prinzipien entstanden. So haben sie gemeinsam, dass sie die Lebenswelt der Schülerinnen und Schüler (nachfolgend: SuS) berücksichtigen und handlungsorientiert sind. Es gibt zahlreiche Phasen, in denen die SuS als Gruppe gemeinsam zielorientiert arbeiten, aber auch Phasen, in denen der Schüler als Individuum im Vordergrund steht, sodass sich verschiedene Sozialformen abwechseln. Am Ende einer jeden produktorientierten Unterrichtseinheit steht ein Medienprodukt als Ergebnis, das im Anschluss Möglichkeiten zur vertiefenden Auseinandersetzung bietet oder im schulischen Rahmen veröffentlicht werden kann.

Im Bereich der digitalen Medien kommen verschiedene Apps, Webtools und Geräte wie Smartphones, Tablets, Computer oder Interaktive Whiteboards zum Einsatz. Im Verbund mit den passenden fachlichen Inhalten und den angestrebten Unterrichtsverläufen haben diese zum Ziel, zur Förderung der Medienkompetenz Ihrer SuS beizutragen und den Spanischunterricht unter Berücksichtigung der aktuellen Entwicklungen im Bildungsbereich im Bereich der Digitalisierung motivierend und abwechslungsreich zu gestalten. Dabei werden bewährte Angebote berücksichtigt, die sich in zahlreichen Unterrichtsszenarien bereits bewiesen haben und von Ihnen als Lehrkraft ohne große Umstände in Ihr didaktisch-methodisches Repertoire integriert werden können. Beim Ausprobieren der verschiedenen Angebote und beim Unterrichten wünsche ich Ihnen und Ihren SuS viel Freude!

Christoph Dröge

Abkürzungsverzeichnis

EA – Einzelarbeit
GA – Gruppenarbeit
KV – Kopiervorlage
LI – Lehrerimpuls
PL – Plenum

SB – Schülerbeitrag
SuS – Schülerinnen und Schüler
UG – Unterrichtsgespräch
→ Dieses Zeichen verweist auf eine weiterführende Erklärung im Kapitel 5.

Aus Gründen der Lesbarkeit wurde im Fließtext an einigen Stellen die männliche Form gewählt – sämtliche weibliche Formen sind stets miteinbezogen.

Die Neuen Medien im Spanischunterricht

Neue Medien – diese Bezeichnung ist zeitlich relativ. In der Vergangenheit waren es immer andere Medien, die zu ihrer Zeit als „neu" bezeichnet wurden und deren Einsatz in der Schule kritisch reflektiert wurde, bevor sie hinterher möglicherweise zum Standard erhoben wurden und allgemein anerkannt waren. In der Gegenwart fallen unter die Bezeichnung *Neue Medien* all diejenigen, die zur Digitalisierung der Gesellschaft beitragen bzw. daraus erwachsen sind: Smartphones, Tablets oder – allgemeiner – digitale Medien, die mit dem Internet verbunden sind und den Alltag zunehmend prägen.

Häufig liest man die These, dass die Schule ein „Spiegel der Gesellschaft" sei mit dem Auftrag, die SuS auf die Zukunft vorzubereiten. Neben dem stetigen gesellschaftlichen Wandel gehört vor allem das Arbeitsleben dazu. Auch hier sind bereits deutliche Einflüsse der Digitalisierung zu spüren und wenn man versucht, in die Zukunft zu schauen, dann lässt sich vermuten, dass diese noch weiter zunehmen werden. Folgt man nun dem schulischen Bildungsauftrag und der oben genannten These, dann gehört es zum Aufgabenfeld der Schule, die SuS entsprechend vorzubereiten, damit sie medienkompetent und den aktuellen und kommenden Anforderungen gewachsen sind. Je nach Bundesland geschieht dies als fächerübergreifende Querschnittsaufgabe oder vielleicht sogar vermehrt in einem speziellen Fach. Der erste Ansatz nimmt alle Fächer in die Pflicht und auch ein explizites Schulfach mindert die Möglichkeiten nicht, auch im Spanischunterricht mit den Neuen Medien zu arbeiten.

Wenn man die Kompetenzbereiche mit den technischen Möglichkeiten in der Zusammenschau betrachtet, dann lassen sich vielfältige Schnittmengen ausmachen, die den Einsatz von Tablets & Co. unter Berücksichtigung der in den Kernlehrplänen formulierten Kompetenzerwartungen legitimieren. Nachfolgend sind die Kompetenzbereiche aufgelistet (exemplarisch in diesem Fall die aus dem Kernlehrplan für das Gymnasium Sekundarstufe I in Nordrhein-Westfalen[1]) und mit Anregungen versehen, wie die Neuen Medien entsprechend in das Unterrichtsgeschehen eingebunden werden können.

Wenn ich an die eigene Schulzeit zurückdenke, dann haben Kreidetafeln, aufrollbare Wandkarten, Medienwagen mit alten TV-Geräten und Videorecordern (später DVD-Player), Overheadprojektoren und Computerräume den Medieneinsatz im Unterrichtsalltag ausgemacht. Diese Ausstattung ist auch heutzutage noch in vielen Schulen vorhanden. In einigen Schulen wurden (interaktive) Whiteboards installiert, andere Schulen haben Beamer, Flachbildfernseher oder Tablets angeschafft. Vor allem Tablets bieten vielfältige Möglichkeiten und vereinen zahlreiche Funktionen der oben genannten Geräte bzw. lassen sich auf ähnliche Weise nutzen.

---

[1] Kernlehrplan für das Gymnasium – Sekundarstufe I in Nordrhein-Westfalen, Spanisch, herausgegeben vom Ministerium für Schule und Weiterbildung des Landes Nordrhein-Westfalen, 1. Auflage 2009.

Tabelle mit Beispielen zum Einsatz digitaler Medien in Verbindungen mit den Kompetenzbereichen des Faches Spanisch

Abkürzungen: C = Computer / IWB = Interaktives Whiteboard / S = Smartphone / T = Tablet

Kompetenzbereich	Digitale Medien	Beispiele
Kommunikative Kompetenzen		
• Hörverstehen / Hör-Sehverstehen	C / S / T C / IWB / S / T	• Hörverstehenstexte werden digital abgespielt (mehrmaliges Anhören und spulen möglich) • Kurzfilme, (Musik-)Videos, Podcasts von authentischen Sprechern, … (z.B. YouTube, spanische Presse)
• Sprechen	C / S / T C / S / T C / S / T C / S / T	• (wiederholtes) Einsprechen von Beiträgen • Gespräche mit Muttersprachlern (z.B. via Skype) • Audioaufnahmen in der Fremdsprache (z.B. Podcasts) • Erstellung von Erklärvideos zu grammatikalischen oder inhaltlichen Themen
• Leseverstehen	C / S / T	• Webseiten mit authentischen Texten (z.B. spanische Presse, Blogbeiträge)
• Schreiben	C / S / T C / S / T C / S / T	• Etherpad zum kollaborativen Schreiben oder für die gemeinsame Korrektur eines Textes • Verfassen von Blogbeiträgen • Erstellen eines gemeinsamen Wikis für Grammatik oder inhaltliche Beiträge
• Sprachmittlung	C / S / T	• authentische deutsche oder spanische Beiträge als Ausgangslage (z.B. Blogbeiträge, deutsche oder spanische Presse)
Interkulturelle Kompetenzen	C / S / T C / S / T C / S / T C / S / T C / S / T	• Beiträge zur spanischen Kultur (z.B. Kartenmaterial, Audios, Videos, Podcasts, …) • kurze Mitteilungen, Nachrichten, … in der Fremdsprache, von der spanischen Presse, von Stars (z.B. Twitter) • authentische alltagssprachliche Beiträge aus der Lebenswelt der SuS von Stars (z.B. Instagram, Facebook) • gemeinsame Konzeption von Projekten mit Schulen aus dem spanischsprachigen Ausland (z.B. eTwinning) • Städte in Spanien oder Lateinamerika virtuell besuchen (z.B. Google Maps, Google Earth)

Verfügbarkeit über sprachliche Mittel		
• Aussprache und Intonation	C / S / T	• Anhören von didaktisierten Vorlagen zur Aussprache und Intonation (z.B. YouTube, Webseiten zum Erlernen der spanischen Sprache)
• Wortschatz	C / S / T	• Nutzung von Online-Wörterbüchern oder Wörterbüchern als App (z.B. Langenscheidt, Pons, Leo.org, Dict.cc)
	C / S / T	• Nutzung von Onlineangeboten zum Erlernen von Vokabular (z.B. Memrise, Duolingo, Quizlet, Phase 6, Cornelsen Vokabeltrainer)
	C / IWB / S / T	• Erstellung von digitalen Mind-Maps zur Semantisierung von Wortfeldern
• Grammatik	C / S / T	• Übungen zur spanischen Grammatik mit direkter Auswertung
	C / S / T	• Erstellung von interaktiven grammatikalischen Übungen wie Lückentexte, Kreuzworträtsel etc. (z.B. Learningapps, Learningsnacks, H5P)
• Orthographie	C / S / T	• Nutzung von (Online-)Schreibprogrammen mit integrierter Korrektur in der Fremdsprache

Darüber hinaus bieten viele Verlage mittlerweile zahlreiche digitale Begleitmaterialien und -angebote zu den analogen Produkten an. Diese sind sowohl für Lehrer als auch für Schüler erhältlich und ergänzen beispielsweise das Lehrwerk oder bieten Online-Übungen zur Vertiefung an. Prüfen Sie hierfür das Angebot der Verlage auf den entsprechenden Internetseiten oder Verweise in den Schulmaterialien, um hier einen Überblick zu erlangen.

Vorteile von Tablets gegenüber der bisherigen technischen Ausstattung in der Schule

- **Verfügbarkeit:** Während Computer erst hochfahren müssen, ehe sie einsatzbereit sind, befinden sich Tablets in einem Stand-By-Modus und sind auf Knopfdruck verfügbar.

- **Freiheit:** Tablets sind, wenn sie aufgeladen sind, frei von jeglichen Kabeln und können daher an jedem Ort in der Schule benutzt werden. Das können der eigene Klassenraum, der Schulhof oder andere Orte im Schulgebäude oder in dessen Umfeld sein.

- **Preis:** Je nach Hersteller und Modell sind Tablets in der Anschaffung vergleichsweise günstig.

- **Langlebigkeit:** Tablets haben in der Regel nur wenige Knöpfe und keine Verschleißteile wie ein CD-Laufwerk oder zahlreiche weitere Anschlüsse. SuS gehen nicht immer so sorgsam mit der schulischen Ausstattung um, wie man es sich wünscht und Tablets sind vergleichsweise robust – wenn es zusätzlich noch in einer Hülle steckt, wird das Risiko von größeren Schäden durch unsachgemäßen Gebrauch noch einmal minimiert. Auch können SuS nicht viel an den Systemeinstellungen ändern, wie es bei Computern mitunter vorkommt bzw. diese Änderungen wären ohne große Mühe wieder zurücksetzbar.

- **Funktionen:** Ein wesentlicher Vorteil von Tablets besteht darin, dass es viele Funktionen in einem Gerät vereint. Brauchte man zuvor verschiedene Geräte und (teilweise komplizierte) Abläufe, um Dateien zusammenzuführen, so bedarf es nun keines großen Aufwands. Fotos oder Videos können mit der internen Kamera aufgenommen werden und unmittelbar an der vorgesehenen Stelle etwa in einer Präsentation oder einem Textdokument eingefügt werden. Auch zwischen den einzelnen Anwendungen sind der Import und Export von Dateien schnell erledigt.

- **Apps:** Neben den vorinstallierten Apps gibt es eine Vielzahl an Apps, um den Funktionsumfang zu erweitern. Neben spielerischen Apps gibt es auch für den Bildungsbereich zahlreiche fachspezifische oder fachübergreifende Apps, die Abwechslung in den Unterrichtsalltag bringen und neue Möglichkeiten des Lehrens und Lernens ermöglichen.

Weiteres nützliches Zubehör für den Spanischunterricht

Zusätzlich zum Tablet möchte ich noch weiteres externes Zubehör erwähnen, das sich im (Spanisch-)Unterricht bewährt hat und teilweise täglich eingesetzt wird.

- **Bluetooth-Box:** Diese wird mit dem Tablet verbunden und Audio-Dateien für das Hörverstehen im Unterricht oder Klassenarbeiten bzw. Klausuren werden abgespielt. Da die Box kabellos arbeitet, stelle ich bei mehrmaligem Hören die Box an verschiedene Stellen im Klassenraum, sodass die SuS, die hinten sitzen, keinen Nachteil haben. Es gibt mittlerweile zahlreiche Modelle verschiedener Anbieter. Achten Sie auf eine gute Soundqualität und testen Sie verschiedene Geräte im Einzelhandel oder greifen Sie auf Rezensionen oder Erfahrungsberichte von Kollegen zurück.

- **Audiosplitter:** Hierbei handelt es sich um einen Adapter, der mit einem Kabel mit der Klinkenbuchse des Tablets verbunden wird. Der Adapter selbst besteht aus weiteren Klinkenbuchsen, sodass er die Anschlussmöglichkeiten für Kopfhörer vervielfacht. Die Kopfhörer haben die SuS häufig selbst dabei oder die Schule schafft welche an. Hier haben sich an meiner Schule die sogenannten Over-Ear-Kopfhörer bewährt, da sie vergleichsweise robust sind. Auch hier gibt es Modelle in verschiedenen Preisklassen, wobei günstige Geräte für das reine Abspielen von Audiodateien durch die direkte Nähe zum Ohr meist ausreichend sind. Das Tablet mit angeschlossenem Audiosplitter sowie einer entsprechenden Anzahl an Kopfhörern kann beispielsweise im Rahmen eines Stationenlernens eingebunden werden. Die SuS finden an der Station dann jeweils passende Aufgaben und während die Audiodatei in Dauerschleife läuft, haben die SuS die Möglichkeit, diese mehrmals anzuhören bzw. so oft, wie sie es zur Lösung der Aufgabe benötigen.

- **externe Mikrofone:** Zwar haben Tablets in der Regel ein eingebautes Mikrofon, jedoch eignet sich dieses nur bedingt für hochwertige Audioaufnahmen. Gerade wenn mehrere SuS an einer Aufnahme beteiligt sind, kann es sich lohnen, ein externes Mikrofon einzusetzen, um hierdurch Aufnahmen in entsprechender Qualität als Ergebnis zu erhalten. Wie bei allem Zubehör kann man auch hierbei aus einer Vielfalt an Geräten in unterschiedlichen Preisklassen auswählen.

Mit dem Kauf dieses Werkes signalisieren Sie Bereitschaft, Ihr Unterrichtsrepertoire mit digitalen Medien zu ergänzen. Dennoch gibt es häufig Unsicherheit und Skepsis, die mit dem Einsatz von Tablets & Co. verbunden sind. Ich möchte drei oft genannte Thesen aufgreifen und versuchen, die Bedenken zu minimieren oder sogar zu beseitigen:

1 „Ich fühle mich unsicher im Umgang mit der Technik und habe die Sorge, dass ich mich vor meinen SuS blamieren könnte."

Sicherlich besitzen Sie ein Smartphone, oder? Falls ja, dann mag Ihnen aufgefallen sein, dass die Geräte intuitiv zu bedienen und viele Abläufe schon nach kurzer Zeit geläufig sind. Dies gilt ebenfalls für den Umgang mit Tablets. Man kann sie durchaus als „großen Bruder" des Smartphones bezeichnen, da sie sich – außer in der Größe und die fehlende Telefonfunktion – quasi nicht von Smartphones unterscheiden. Gerade ein Gerät desselben Herstellers ist vergleichbar aufgebaut und Sie werden sich genauso schnell zurechtfinden wie bei Ihrem Smartphone. Auch bei Tablets einer anderen Marke haben Sie keine großen Hürden zu befürchten. Die entsprechenden Apps oder Webtools sind mittlerweile sehr intuitiv zu bedienen und nach einer kurzen Phase des Ausprobierens hat man in der Regel einen guten Überblick über Funktionen und die vielfältigen Möglichkeiten, sodass der Umgang auch für vergleichsweise Unerfahrene leicht zu erlernen ist. Generell gilt jedoch, dass Sie als Lehrkraft sich mit einer App bzw. einem Webtool entsprechend auseinandersetzen sollten, ehe Sie Ihre SuS damit arbeiten lassen, damit Sie auf etwaige Fragen kompetent vorbereitet sind und den SuS bei Problemen helfend zur Seite stehen können.

Da Ihre SuS gegebenenfalls über ungleich mehr Erfahrung verfügen, da sie täglich mit der Technik umgehen, nehmen Sie dies doch als Anlass, um die klassische Rollenverteilung aufzubrechen und umzukehren: Seien Sie bereit, auch von Ihren SuS zu lernen und sich bestimmte Angebote von ihnen zeigen zu lassen. Vertrauen Sie darauf, dass Ihre SuS sich schnell zurechtfinden und auch an Möglichkeiten des Einsatzes im Unterricht denken, auf die Sie gar nicht gekommen sind. So können Sie von der Erfahrung Ihrer SuS profitieren und es wird sie freuen, wenn sie Ihnen als Lehrkraft auch etwas beibringen können.

2 „Wenn ich mit Computern / Smartphones / Tablets arbeite, nutzen meine SuS das aus, um beispielsweise rumzuspielen, und ich verliere wertvolle Unterrichtszeit"

Wenn Sie den SuS mitteilen, dass Sie in der folgenden Stunde den Computerraum reserviert haben oder mit einer Kiste voller Tablets den Raum betreten, werden Sie möglicherweise eine gewisse Vorfreude bei Ihren SuS verspüren – so ergeht es mir zumindest regelmäßig, wenn ich mit digitalen Medien arbeite. Die SuS erscheinen sehr motiviert und die Atmosphäre ist gleich eine ganz andere, als wenn ich den Korb mit Wörterbüchern auf das Pult stelle. Zugegebenermaßen, je häufiger Sie oder Ihre Kollegen die Neuen Medien in den Unterricht integrieren, desto seltener werden Sie die oben genannten positiven Erfahrungen wahrnehmen können, da es für die SuS ein Stück weit zur Gewohnheit wird und die Euphorie abebben kann. Auch gibt es durchaus SuS, die sich nicht durchgehend an die Arbeitsaufträge halten, sondern das Tablet nutzen, um die installierten Apps zu testen oder sogar mit der integrierten Kamerafunktion herumspielen. Seien Sie auf solche Situationen vorbereitet und überlegen Sie sich passende Reaktionen oder – besser – sprechen Sie im Vorfeld mit den SuS über klare Regelungen für den gewinnbringenden Einsatz der Technik und was sie erwartet, wenn sie sich nicht an die Abmachungen halten. Darauf aufbauend können Sie und Ihre SuS abwechslungsreiche Unterrichtsszenarien gestalten, die eine große Schnittmenge mit der Lebenswelt Ihrer SuS aufweisen und mit zunehmender Übung kreative und vielfältige Ergebnisse hervorbringen.

3 „Ich brauche diese ganze Technik nicht - das ist ja eine nette Spielerei, aber bisher bin ich auch sehr gut ohne zurechtgekommen."

Natürlich wollen und sollen digitale Medien nicht alle gewohnten Medien (wie die Kreidetafel) unmittelbar und restlos ersetzen. Es geht vielmehr darum, sie an geeigneten Stellen passend einzusetzen, sodass sie Unterrichtsszenarien ermöglichen, die zuvor (so) nicht möglich waren. Machen Sie sich bewusst, welche Vorteile der Einsatz birgt und vermeiden Sie es, die Technik unreflektiert einzusetzen, nur „um mal damit gearbeitet zu haben". Wie auch alle anderen Medien bleiben es Werkzeuge, die Sie in Ihr bisheriges Repertoire integrieren können und die gegebenenfalls neue Möglichkeiten eröffnen. So lässt es sich mit dem gezielten Einsatz vielfältiger unterrichten und in Bereichen wie Binnendifferenzierung – etwa durch den gezielten Einsatz von unterstützenden Erklärvideos – haben Sie mehr Möglichkeiten, den SuS individuell zu begegnen.

Apps und Webtools – eine Unterscheidung

Eine grundlegende Unterscheidung zwischen den Begriffen App sowie Webtool soll Ihnen dabei helfen, Angebote im Internet und auch in den nachfolgenden Unterrichtsentwürfen entsprechend einordnen zu können. So lässt sich wie folgt unterscheiden:

- **App:** bei einer App (die Kurzform von Applikation) handelt es sich um ein Programm, das auf einem Smartphone oder Tablet installiert wird, um den bereits vorhandenen Funktionsumfang zu erweitern. Apps können über entsprechende virtuelle „Märkte" (z.B. Apples App-Store oder Googles Play-Store) bezogen werden und sind gratis oder gegen ein Entgelt zu bekommen. Häufig gibt es eine abgespeckte Gratisversion, die über sogenannte In-App-Käufe zur kostenpflichtigen Vollversion – die mehr Funktionen beinhaltet – erweitert werden oder es gibt eine eigene Kaufversion. Das Angebot ist je nach Betriebssystem des Smartphones oder Tablets durchaus unterschiedlich und manche Anbieter bieten ihre Apps nur für das eine oder das andere Betriebssystem an. Bevor die App heruntergeladen wird, kann sich der Nutzer durch eine Beschreibung und eventuell durch Screenshots der App einen Überblick verschaffen und Apps mit ähnlichen Funktionen vergleichen. Manche Apps funktionieren – wenn sie dann auf dem Gerät installiert wurden – offline, also ohne Internetzugang. Andere benötigen für den vollen Funktionsumfang eine aktive Internetverbindung. Dies kann beispielsweise für die Anmeldung mit den Benutzerdaten oder für den Zugriff auf weitere Informationen aus dem Internet, etwa Bilder oder Videos notwendig sein.

- **Webtool:** ein Webtool ist ebenfalls eine Art Software. Es ist über den Browser des Computers oder des Smartphones bzw. des Tablets unter einer bestimmten Internetadresse erreichbar. Manche Anbieter stellen ihr Angebot als App und gleichzeitig als Webtool zur Verfügung. Im Unterschied zu den Apps, die auch offline funktionieren, benötigen die Geräte, mit denen auf das Webtool zugegriffen wird, eine stetige Internetverbindung – sie sind demnach immer online. Der Vorteil dabei ist, dass keine Software heruntergeladen und installiert werden muss, da alle Prozesse im Internet geschehen und der Nutzer außer einer Internetverbindung und einem Browser unabhängig von einem spezifischen Gerät ist, da er von überall auf das Angebot zugreifen kann. Ergebnisse werden ebenfalls online gespeichert und sind somit von jedem entsprechenden Zugang aus erreichbar und können weiterbearbeitet werden. Auch bei Webtools gibt es häufig eine kostenlose Version mit einem vergleichsweise eingeschränkteren Funktionsumfang sowie eine Premiumversion, bei deren Nutzung Kosten anfallen können.

Auch gilt für beide Vertreter der digitalen Medien, dass mitunter eine Anmeldung notwendig ist, ehe die Nutzung erfolgen kann. Dies kann über einen gemeinsamen Account geschehen, der von der Lehrkraft eingerichtet wird. Alternativ kann die Lehrkraft mehrere Benutzerkonten eröffnen und die Daten an die SuS weitergeben. Achten Sie dabei auf die Bestimmungen der jeweiligen Anbieter. Bei Angeboten, die auf schulische Bildung ausgelegt sind, gibt es auch teilweise die Möglichkeit, dass die Lehrkraft über einen Zugang verfügen muss und seine SuS „einladen" kann, durch einen Link o.ä. Dieses Verfahren ist vergleichsweise einfach, da keine weiteren E-Mail-Adressen oder eigene Benutzerkonten benötigt werden. Generell gilt das Prinzip der Datensparsamkeit und der Umstand, dass nicht alle SuS eigene E-Mail-Konten besitzen oder diese zur Anmeldung bei Apps oder Webtools nutzen wollen oder sollen. Bei kostenpflichtigen Apps besteht darüber hinaus die Möglichkeit, diese als eine Art „Klassensatz" zu einem günstigeren Preis zu erwerben (etwa das ‚Volume Purchase Program' (VPP) von Apple, das sich speziell an Bildungseinrichtungen wendet). Auch können Sie entsprechende Zugänge über die jeweiligen Geräte selbst einrichten, sodass keinerlei Daten der SuS benötigt werden.

Die Apps und Webtools, die in den Unterrichtsentwürfen erwähnt werden, sind weiterhin als eine von vielen Möglichkeiten zu betrachten. Der Markt für entsprechende Angebote ist riesig und wirkt teilweise unüberschaubar. Hinzu kommt der Umstand, dass Anbieter laufend ihre Angebote ändern, sodass beispielsweise aus einer bisher kostenlosen App kurze Zeit später eine kostenpflichtige Version wird oder ein Webtool nur eine Zeit lang mit vollem Funktionsumfang verfügbar ist und anschließend eine Art Abonnement notwendig wird.

Auch gibt es Angebote, die eingestellt oder von der Konkurrenz übernommen werden. Gleichzeitig erscheinen nahezu täglich neue Apps oder Webtools mit vergleichbaren Funktionen oder mit einem Angebot, das es bisher noch nicht gab. Wenn Sie die Suchmaschinen bemühen, finden Sie mitunter kuratierte Sammlungen von Lehrern, die geeignete Apps bzw. Webtools auflisten – häufig verbunden mit entsprechenden Ideen für den konkreten Einsatz im schulischen Unterricht.

Eine Übersicht über die empfohlene technische Grundausstattung

- Computer mit Internetanschluss

- Tablets (z.T. mit Internetzugang via W-LAN)
  - Mit einem passenden Adapter kann durch den vorhandenen Netzwerkanschluss, der häufig in Schulen vorhanden ist und als LAN-Buchse im Klassenraum liegt, ein temporäres W-LAN aufgespannt werden.
  - Es gibt – wie auch bei den Computern – zwei Modelle, wie die SuS mit den Geräten arbeiten können:
    - ▶ 1:1-Modell: Jeder Schüler bekommt ein eigenes Gerät.
    - ▶ 1:X-Modell: Mehrere SuS teilen sich ein Gerät (X = Anzahl der SuS); dies ist beispielsweise bei einer Gruppenarbeit ausreichend.
- Beamer / Flachbild-TV / interaktives Whiteboard als Projektionsfläche zur Präsentation der Ergebnisse
  - Tablets können kabelgebunden mit einem Adapter (z.B. auf HDMI) oder per direkter Verbindung via Kabel angeschlossen werden.
  - Kabellose Übertragung via Empfänger (z.B. Apple TV oder Chromecast). Diese empfiehlt sich, da man sich mit dem Tablet frei im Raum bewegen und es bei Bedarf weiterreichen kann.
- Eingabestift, um auf dem Tablet zu schreiben, zu zeichnen, etc. (z.B. Apple Pencil oder Samsung Stylus)
  - Hier reicht ein Exemplar für das Tablet der Lehrkraft, das den SuS bei Bedarf zur Verfügung gestellt wird.

- Overheadprojektor für die Kopiervorlagen (alternativ: Projektion via Beamer oder TV)

> **TIPP**
>
> Bevor Sie sich zum Kauf von externem Zubehör als Erweiterung für das Smartphone, das Tablet oder den Computer entscheiden, können Sie dies gegebenenfalls auch vorab testen. Fragen Sie doch mal bei dem lokalen Medienzentrum. Diese verfügen häufig über eine große Auswahl an Technik, die man sich als Lehrkraft kostenlos ausleihen und unter realen Bedingungen im Alltagsunterricht ausprobieren kann.

4.1: En mi casa: mi familia y mis mascotas – Präsentation des häuslichen Umfeldes (Mind-Map)

Stundenthema / Kurzbeschreibung

Die SuS erstellen eine digitale Mind-Map als Übersicht über ihr häusliches Umfeld. Dabei berücksichtigen sie ihre Familienmitglieder sowie – falls vorhanden – ihre Haustiere.

Die fertige Mind-Map wird als Sprechanlass genutzt, indem die SuS die einzelnen ‚Arme' der Mind-Map versprachlichen und somit – gestützt durch die Vorlage – aus Stichpunkten (einzelne Begriffe bzw. Namen) ganze Sätze formen.

Der Vorteil der digitalen Variante liegt vor allem darin, dass die SuS die Mind-Map jederzeit beliebig erweitern oder verändern können, bis sie mit dem Endergebnis zufrieden sind. Außerdem können die einzelnen Zweige oder Endpunkte noch auf einfache Weise zusätzlich mit Bildern oder (echten) Fotos ergänzt werden, sodass diese noch anschaulicher und individueller werden im Vergleich zu einer reinen textartigen Mind-Map. Wenn die SuS echte Fotos ihrer Familienmitglieder oder Haustiere einbauen möchten, können sie diese integrieren. Ansonsten sind auch symbolische Bilder aus dem Internet oder beispielsweise → Bitmojis denkbar.

Ablauf:

1. Die SuS bereiten die Mind-Map vor, indem sie sich Kategorien für die einzelnen Zweige überlegen und sich Gedanken dazu machen, welche Endpunkte an den jeweiligen Zweigen stehen sollen.
2. Die SuS können die Mind-Map bei Bedarf auf Papier zur Vorbereitung entwerfen. Dieser Schritt kann dabei helfen, benötigte Begriffe vorzubereiten (z.B. im Wörterbuch nachschlagen oder bei der Lehrkraft erfragen), ist aber nicht zwingend notwendig aufgrund der leichten Anpassbarkeit der Mind-Map zu jedem späteren Zeitpunkt (s.o.).
3. Die SuS erstellen die Mind-Map am Tablet/Computer und ergänzen die Stichpunkte beliebig um weitere visuelle Medien (Fotos, Bilder, ...).
4. Die SuS stellen ihre Familie und ihre Haustiere vor und geben somit einen Einblick in ihren privaten Alltag.
5. Um das inhaltliche Verständnis zu sichern und die Aufmerksamkeit der Zuhörer zu erhöhen, bietet es sich an, die Präsentation mit einem Hörauftrag zu verbinden. Die präsentierenden SuS sollen sich im Vorfeld drei Fragen überlegen (z.B.: *¿Cómo se llama mi perro?*) und diese auch schon möglichst vor der Präsentation den übrigen SuS mitteilen. Im Anschluss an die Präsentation werden diese dann von den Zuhörern beantwortet und auf Korrektheit hin überprüft.

Digitale Medien	• Tablets
	  – App: z.B. Simple Mind (iOS / Android)
	• Computer mit Internetzugang
	  – Software: z.B. Simple Mind (Windows / macOS)
	  – Webtool: z.B. Mindmeister

Vorbereitung	Im Vorfeld kann es hilfreich sein – falls noch nicht im Unterricht geschehen, etwa im Rahmen der Erarbeitung einer *Unidad* des Lehrwerks – eine sprachliche Vorentlastung zu schaffen. Da die SuS voraussichtlich zum Großteil auf ähnliches Vokabular der Themenfelder *familia* oder *mascotas* zurückgreifen werden, bietet es sich an, dieses den SuS strukturiert und als Übersicht als Hilfe zu geben. Typische Begriffe für die beiden Wortfelder finden die SuS auf der Kopiervorlage 4.1.

Sollten die Begriffe schon weitestgehend bekannt sein, kann an dieser Stelle eine spielerische Wiederholung eine Möglichkeit sein, den Wortschatz der SuS zu (re-)aktivieren. Ein Memory-Spiel oder eine gemeinsame Zuordnung von Wort & Bild an der Tafel sind hierfür geeignet.

Auch wenn die SuS bereits über den entsprechenden Wortschatz verfügen, können weitere typische Begriffe beider Wortfelder in diesem Zuge zusätzlich eingeführt werden, sodass das Repertoire der SuS erweitert wird.

Als Erweiterungsmöglichkeit bietet es sich an, dass die SuS die Personen oder Haustiere genauer beschreiben (z.B. die äußere Erscheinung) oder weitere Informationen wie das Alter geben. Dies hängt jedoch vom tatsächlichen Lernstand und dem benötigten Vokabular sowie den entsprechenden Redemitteln ab.

Die fertigen Mind-Maps können zur Würdigung im Klassenraum ausgehängt oder durch die Lehrkraft zu einem Album als Übersicht über die vielfältigen Familienzusammensetzungen zusammengefügt werden.

Material	• ggf. eine Übersicht über das benötigte Vokabular (typische Begriffe finden Sie und ihre SuS auf der Kopiervorlage; diese kann zerschnitten werden und bei Bedarf auch als Memory- oder Zuordnungs-Spiel genutzt werden)
Sozialform	Während der Vorbereitung und während der Erarbeitungsphase arbeitet jeder Schüler individuell (EA). Falls Sie dies wünschen oder wenn SuS schnell(er) fertig sind, können diese die Präsentation auch vorab miteinander einüben. Als Paar (PA) trainieren die SuS somit das Sprechen und eventuelle Hemmungen werden gemindert oder sogar abgebaut, ehe es ins Plenum (PL) geht.
Kompetenzbereich / Lehrplanbezug	• Kommunikative Kompetenzen – Hörverstehen – Sprechen: zusammenhängendes Sprechen • Interkulturelle Kompetenzen – Orientierungswissen: Persönliche Lebensgestaltung • Methodische Kompetenzen – Sprechen – Umgang mit Texten und Medien – Selbständiges Sprachenlernen • Verfügbarkeit von sprachlichen Mitteln und sprachliche Korrektheit – Aussprache – Wortschatz
Achtung: Stolperstein!	Bei dieser Unterrichtseinheit berichten die SuS über sehr persönliche Gegebenheiten und geben mitunter deutliche Einblicke in ihr familiäres Umfeld sowie in ihre Lebensumstände. Wenn ein Kind dies – aus bestimmten Gründen – nicht möchte, sollten Sie den Wunsch selbstverständlich in jedem Fall respektieren. Eine Möglichkeit für diesen Fall wäre es, dass die SuS fiktive Namen für ihre Familienmitglieder und / oder Haustiere verwenden oder statt sich selbst eine fiktive Person und deren Familie vorstellen. Bei dem Anteil, der die Haustiere betrifft, könnten die SuS darüber hinaus mit ihren gewünschten Tieren arbeiten, die sie gerne als Haustier hätten. Urheberrechte Wenn die SuS Fotos, Bilder oder sonstige Grafiken zur visuellen Unterstützung der Zweige und Endpunkte ihrer Mind-Map verwenden wollen und diese aus dem Internet herunterladen, weisen Sie sie auf die gängigen Urheberrechte hin und die damit verbundenen Vorgaben zur (Weiter-)Nutzung in anderen Kontexten.

Stundenverlauf

Phase	Unterrichtsverlauf	Sozialform	Material
Einstieg	Variante 1 • L stellt seine Familie und Haustiere exemplarisch vor, um die SuS auf die nachfolgende Phase einzustimmen und ihnen ein Beispiel zu geben.	LI	
	Variante 2 • L stellt eine fiktive Person und deren Familie und Haustiere vor (dies kann beispielsweise eine den SuS bekannte Person aus dem Lehrwerk sein).	LI	
	Variante 3 • L befragt einzelne SuS im UG nach ihren Familienmitgliedern und Haustieren: – *Carsten, ¿tienes mascotas?* – *Selin, ¿cómo se llama tu hermana?* – *(…)*	UG	
Erarbeitung	• SuS erstellen eine Mind-Map zum Thema *en mi casa* mithilfe einer App bzw. eines Webtools. • Bei Bedarf entwerfen SuS zunächst eine analoge Skizze auf Papier. • SuS bereiten drei inhaltliche Fragen zu ihrer Präsentation vor, die als Hörauftrag dienen.	EA EA	Tablets / Computer KV 4.1
Präsentation	• Die fertigen Mind-Maps der SuS werden projiziert und von den jeweiligen SuS präsentiert, indem diese ihr Endprodukt versprachlichen.	PL	Tablets / Computer Beamer / IWB / TV
Sicherung	• Die Zuhörer beantworten die inhaltlichen Fragen zur Präsentation. • Gegebenenfalls werden die Mind-Maps im Anschluss an die Präsentation im Klassenraum aufgehängt.	PL / UG	

nombre:	clase:	fecha:

Mi familia y mis mascotas

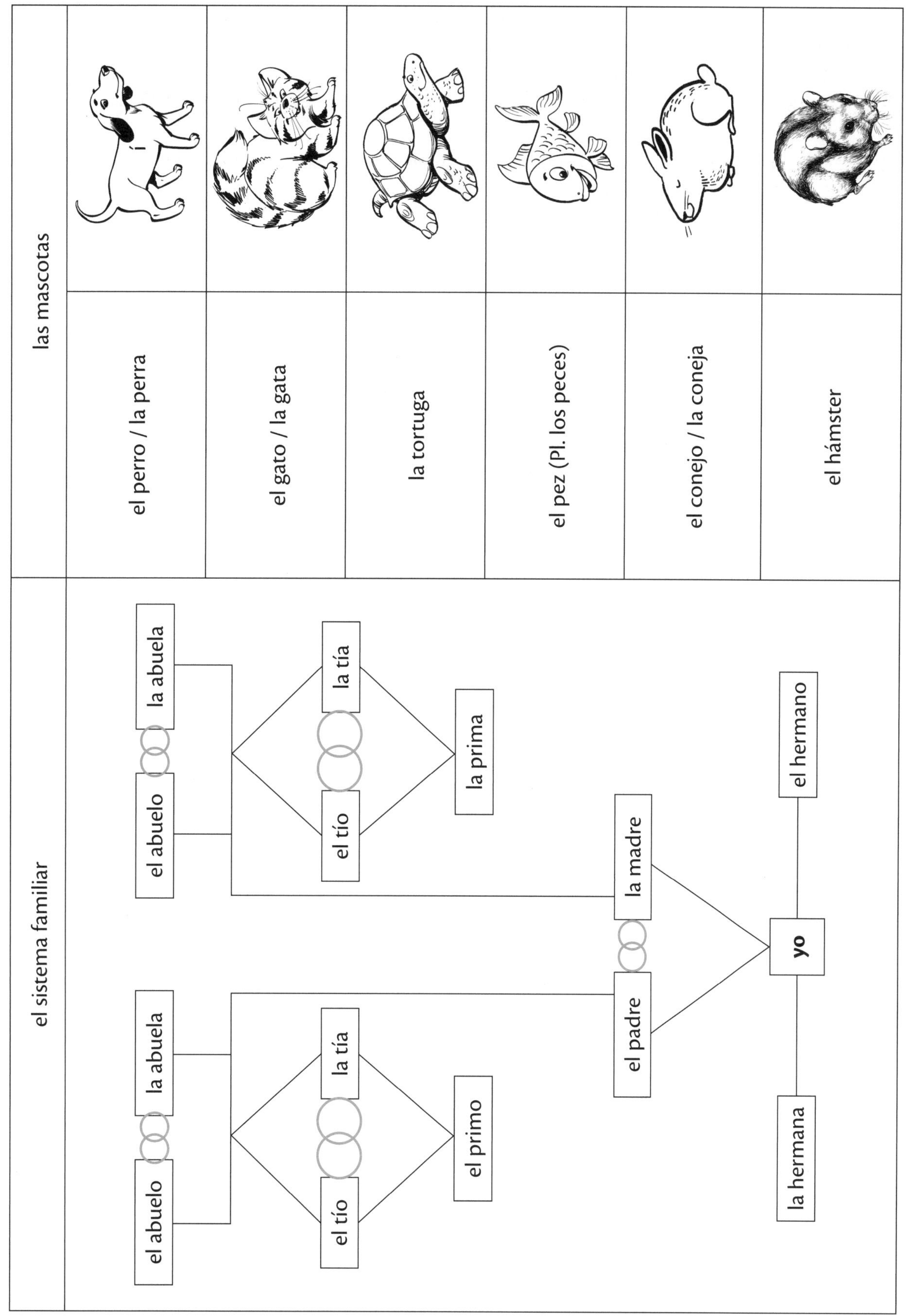

4.2: La habitación (de mis sueños) – Beschreibung des eigenen (Traum-) Zimmers (VR: Virtual Reality)

Stundenthema / Kurzbeschreibung

Die SuS gestalten ihr eigenes Zimmer bzw. ihr Traum-Zimmer in der virtuellen Realität und beschreiben es sich gegenseitig in Partnerarbeit. Der jeweilige zuhörende Partner hört den Ausführungen des erklärenden Partners aufmerksam zu und hat als Hörauftrag die Aufgabe, das beschriebene Zimmer mittels Papier und Stift nachzuzeichnen und es anschließend mit seinem ursprünglichen Entwurf zu vergleichen.

Ablauf:

1. Zunächst gestaltet jeder Schüler sein eigenes Zimmer oder sein Traum-Zimmer in der virtuellen Realität mithilfe der App bzw. auf der entsprechenden Webseite des Anbieters.
2. In Partnerarbeit werden die Zimmer untereinander vorgestellt. Dabei beschreibt ein Schüler das (Traum-) Zimmer des Partners so, wie er es sieht und der andere Schüler zeichnet auf, was er hört.
3. Die fertige Zeichnung wird mit dem Original verglichen und überprüft, ob die Anordnung der Einrichtung übereinstimmt.
4. Anschließend tauschen die beiden Partner die Rollen und wiederholen die Schritte 1 bis 3.

Digitale Medien	• Tablets – App: z.B. CoSpaces Edu (iOS / Android) • Computer mit Internetzugang – Webseite: z.B. CoSpaces Edu
Vorbereitung	Um die Einrichtung des Zimmers beschreiben zu können, benötigen die SuS das entsprechende Vokabular. Neben typischen Gegenständen (z.B. Möbelstücke oder Tür bzw. Fenster) sind auch die Richtungen (links und rechts) sowie die Ortspräpositionen (z.B. neben, gegenüber von) erforderlich. Hier finden die SuS auf der Kopiervorlage 4.2 eine Auswahl.
Material	• VR-Brillen – als Cardboard-Variante (gekauft oder selbst gebastelt; mit einem Smartphone zu bestücken) – als Plastik-Variante (gekauft; evtl. mit einem Smartphone zu bestücken) • Smartphones, die in die VR-Brillen eingelegt werden (abhängig vom Modell)
Sozialform	Zunächst gestaltet jeder Schüler sein eigenes (Traum-) Zimmer individuell (EA); anschließend stellen sich die SuS ihre Produkte gegenseitig vor (PA).
Kompetenzbereich / Lehrplanbezug	• <u>Kommunikative Kompetenzen</u> – Hörverstehen / Hörsehverstehen – Sprechen: zusammenhängendes Sprechen / an Gesprächen teilnehmen • <u>Interkulturelle Kompetenzen</u> – Orientierungswissen: Persönliche Lebensgestaltung • <u>Methodische Kompetenzen</u> – Sprechen / Hörverstehen / Hörsehverstehen – Umgang mit Texten und Medien – Kooperatives Sprachenlernen • <u>Verfügbarkeit von sprachlichen Mitteln und sprachliche Korrektheit</u> – Aussprache und Intonation – Grammatik – Wortschatz

Achtung: Stolperstein!	Die fertigen virtuellen Zimmer können zwar auch über die Webseite des Tools betrachtet werden, doch die Verwendung einer VR-Brille ermöglicht hingegen das eindrucksvolle Erlebnis in der virtuellen Realität. Die VR-Brillen, die den Zugang in die virtuelle Welt ermöglichen, sind von verschiedener Qualität und unterscheiden sich hinsichtlich ihres Funktionsumfangs. Für die einfache Variante aus Pappe, in die ein Smartphone gesteckt werden muss, finden sich via Suchmaschine diverse Bastelanleitungen. Die professionelleren Varianten aus Plastik, bei denen ebenfalls ein Smartphone benötigt wird, sind vergleichsweise günstig im Handel zu bekommen. Die Profi-Variante arbeitet ohne Smartphone, ist in der Anschaffung jedoch deutlich teurer als die beiden oben genannten Modelle. Wenn ein Smartphone benötigt wird, muss auf diesem die entsprechende App installiert sein und es muss eine Internetverbindung haben.

Stundenverlauf

Phase	Unterrichtsverlauf	Sozialform	Material
Einstieg	• L zeigt den SuS eine Zeichnung eines leeren Raumes (eines fiktiven Charakters) und richtet diesen nach und nach exemplarisch mit ausgesuchten Möbelstücken ein und kommentiert dabei (z.B.: *La cama está al lado de la puerta*). → L = Sprachvorbild	PL	
Überleitung	• L erläutert das weitere Vorgehen.	LI	
Erarbeitung	• SuS gestalten ihr Zimmer in der App. • Gegebenenfalls bereiten SuS zuvor eine handschriftliche Skizze vor.	EA EA	KV 4.2 Tablets / Computer
Präsentation 1	• SuS betrachten das Zimmer des jeweils anderen und beschreiben den Aufbau. • Der zuhörende Schüler skizziert, was ihm beschrieben wird.	PA PA	Tablets / Computer / VR-Brille
Sicherung 1	• SuS vergleichen die Aufzeichnungen mit der tatsächlichen Anordnung.	PA	
Präsentation 2	• Siehe Präsentation 1; diesmal mit getauschten Rollen.	PA	s. o.
Sicherung 2	• Siehe Sicherung 1; diesmal mit getauschten Rollen.	PA	s. o.
Überprüfung	• Einzelne SuS stellen ihr Zimmer mittels des im Einstieg benutzten Material exemplarisch vor (siehe Einstieg).	PL	

nombre:	clase:	fecha:

Vocabulario de la casa

la puerta		la mesa	
la ventana		la lámpara	
la cama		la silla	
el escritorio		la alfombra	
el armario		el sillón	
la estantería		el sofá	

4.3: La descripción del camino – eine interaktive Wegbeschreibung (Google Maps)

Stundenthema / Kurzbeschreibung

Ein Standardthema vieler der gängigen Lehrwerke ist die Wegbeschreibung. Diese ist meistens verbunden mit einer konkreten Stadt in Spanien und die SuS lernen in diesem Rahmen ebenfalls häufig Sehenswürdigkeiten kennen, die sich in der Stadt befinden. Auch typische Geschäfte (z.B. eine Bäckerei oder eine Eisdiele) oder andere Gegebenheiten, die Orientierung für eine Wegbeschreibung bieten, werden dabei eingeführt und thematisiert.

Dieses meistens eher ähnlich strukturierte Vorgehen kann man durch digitale Medien auflockern und abwechslungsreicher gestalten. Dadurch werden Städte oder Sehenswürdigkeiten für die SuS greifbarer, als durch bloße Beschreibungen oder Fotos.

Ablauf:

1. Die SuS suchen sich ein Ziel aus, bei dem die Wegbeschreibung endet.
2. Die SuS verfassen eine schriftliche Wegbeschreibung. Die jeweils zuhörende(n) Person(en) hat (haben) als Hörauftrag, den Weg nachzuvollziehen und ihm gemäß den Erläuterungen zu folgen. Hierfür gibt es verschiedene Möglichkeiten. Der Weg kann mit einem geeigneten Stylus (ein kabelloser Eingabestift) auf dem Tablet nachgezeichnet werden. Wenn ein Interaktives Whiteboard im Klassenraum vorhanden ist, kann die Karte deutlich größer projiziert werden und der Weg kann ebenfalls mit einem entsprechenden Stift eingezeichnet werden. Wenn der Ort bereits durch Google erschlossen wurde, bietet sich Google-Maps mit der Funktion an, in der Fußgängerperspektive durch die Straßen zu gehen und den Weg abzulaufen. Dies ist sehr unterhaltsam und bietet aufgrund der Detailliertheit der Darstellungen ganz andere Eindrücke, als es die bloße Draufsicht eines Stadtplans bieten kann.
3. Die Ergebnisse werden präsentiert. Dies kann in Partnerarbeit (PA), Gruppenarbeit (GA) oder im Plenum (PL) geschehen. Es ist ebenfalls denkbar, dass die SuS zunächst im vergleichsweise geschützten Raum einer Partnerarbeit ihre Präsentation testen, ehe sie diese in der Gruppe oder dem Plenum vor mehreren SuS und Ihnen präsentieren. Schließlich wird überprüft, ob die Wegbeschreibung tatsächlich zum zuvor ausgewählten Zielpunkt geführt hat.

Digitale Medien	• Tablets – App: z.B. Google Maps (iOS / Android) • Computer oder Interaktives Whiteboard mit Internetzugang – Webseite: z.B. Google Maps – Software: z.B. Google Earth (Windows / macOS)
Vorbereitung	Um die SuS nicht zu überfordern, sollten Sie einen Ausschnitt anhand eines Stadtplans festlegen, in dem sich die SuS bewegen dürfen. Auch ein gemeinsamer Startpunkt hat sich bewährt. Die SuS benötigen Vokabular, das es ihnen erlaubt, eine Wegbeschreibung zu verfassen und später auch zu verstehen. Dafür sind Vokabeln notwendig wie Richtungsangaben (*a la izquierda, a la derecha, (todo) recto, ...*), Gegenstände und Orte, die Orientierung bieten (*el cruce, el semáforo, ...*) oder die Ordnungszahlen (*la primera calle a la izquierda, el tercer cruce, ...*). Auch Konnektoren (*primero, después, entonces, al final, ...*) und Redemittel zur Strukturierung (*entonces estás ahí*) sind wichtige Bestandteile. Um den SuS binnendifferenzierende Elemente zu bieten, können Sie beispielsweise als Hilfestellung eine Vorauswahl von Zielen tätigen. Es hat sich gezeigt, dass manche SuS diese dankbar annehmen und selbst gut einschätzen können, was sie sich zutrauen. Von vergleichsweise einfachen Wegbeschreibungen zu nahen Zielen vom Ausgangspunkt her, hin zu schwierigeren Beschreibungen mit einem komplexen Wegverlauf und einem weit entfernten Ziel, bieten sich vielfältige Möglichkeiten, den unterschiedlichen Kompetenzstufen zu begegnen.

Auch ließ sich beobachten, dass manche SuS zunächst mit einer einfachen Wegbeschreibung begonnen haben, ehe sie sich an eine komplexere wagten. Sie können ebenso mit einem Kartenausschnitt eines – den SuS vertrauten – Umfeldes beginnen, etwa der Bereich um die Schule, bevor sie mit (noch) fremden Städten in Spanien arbeiten. Auch der eigene Schulweg ist eine gute Übung zum Aufwärmen und kann ebenso als Einstieg eingesetzt werden.

Schnelle SuS können die Wegbeschreibung beliebig ausgestalten. Sie können sie in einen fiktiven Dialog einbetten und eine Geschichte als Rahmung erfinden. Auch durch die Wahl der Distanz zwischen Ausgangspunkt und Ziel oder dem Wegverlauf können sie sich ausprobieren und ihre Kompetenzen anwenden.

Material	• eine Beispielkarte • typische Redewendungen und benötigtes Vokabular für eine Wegbeschreibung (siehe Kopiervorlage 4.3)
Sozialform	Jeder Schüler sollte zunächst eine eigene Wegbeschreibung verfassen (EA). Die Präsentation kann in Partnerarbeit (PA), innerhalb von Kleingruppen (GA) oder auch im Klassenverband (PL) stattfinden.
Kompetenzbereich / Lehrplanbezug	• Kommunikative Kompetenzen – Hörverstehen – Sprechen: zusammenhängendes Sprechen • Interkulturelle Kompetenzen – Orientierungswissen: Gesellschaftliches Leben • Methodische Kompetenzen – Sprechen / Hörverstehen – Umgang mit Texten und Medien – Selbständiges Sprachenlernen • Verfügbarkeit von sprachlichen Mitteln und sprachliche Korrektheit – Aussprache und Intonation – Grammatik – Wortschatz
Achtung: Stolperstein!	Bei der Anfertigung von Wegbeschreibung tauchen häufig wiederkehrende Fehler auf. Diese sollten Sie im Vorfeld ansprechen, sodass die SuS nicht „in die Fallen tappen" und ihre Ergebnisse nachträglich intensiv korrigieren müssen. Typische Fehlerquellen sind: • die Vermischung von Imperativformen mit den Verbformen der 2. Person Singular bzw. Plural bei der Anrede der Person(en) innerhalb der Wegbeschreibung. • die Verwendung bzw. der Wegfall von Präpositionen in Verbindung mit typischen Verben zur Wegbeschreibung (z.B.: *coger la tercera calle a la derecha – aber: girar en la tercera calle a la derecha*). • die Sonderformen der maskulinen Ordnungszahlen (*primer y tercer*) vor nachfolgendem kongruenten Substantiv (z.B.: *sigues la calle todo recto hasta el tercer cruce*).

Stundenverlauf

Phase	Unterrichtsverlauf	Sozialform	Material
Einstieg	• L zeigt den SuS einen ausgesuchten Stadtplan und bittet sie, einen vorgegebenen Weg zu beschreiben als Hilfe für eine fiktive Person. → herausfordernde Anforderungssituation für die SuS	PL / UG	Karte (Beispiel)
Erarbeitung	• SuS verfassen jeweils eine eigene Wegbeschreibung.	EA	KV 4.3 Tablets / Computer
Präsentation	• SuS stellen ihre Wegbeschreibung vor und die Zuhörer verfolgen den Weg (nachzeichnen oder nachgehen).	PA / GA / PL	Tablets / Computer Beamer / IWB / TV
Sicherung	• Die Zuhörer beschreiben den Zielpunkt, an dem sie angekommen sind; Abgleich mit dem intendierten Ziel des Verfassers der Wegbeschreibung.	PA / GA / PL	Tablets mit Stylus / Computer / IWB
Überprüfung	• SuS beschreiben den eingangs gesuchten Weg (siehe Einstieg). → Lernzuwachs wird transparent	PL / UG	

| nombre: | clase: | fecha: |

Vocabulario útil para una descripción del camino

la calle		(todo) recto	↑
el cruce		a la izquierda	←
el semáforo		a la derecha	→
la rotonda		girar	⌐→

los números ordinales	**seguir (e → i)**	**cruzar**
2. 1. 3.	sigo sigues sigue	cruzo cruzas cruza
1° – el primero (el primer) • 1ª – la primera 2° – el segundo • 2ª – la segunda 3° – el tercero (el tercer) • 3ª – la tercera 4° – el cuarto • 4ª – la cuarta 5° – el quinto • 5ª – la quinta 6° – el sexto • 6ª – la sexta	seguimos seguís siguen	cruzamos cruzáis cruzan

4.4: Comida típica de todo el mundo – eine Rezeptsammlung (Interaktives eBook)

Stundenthema / Kurzbeschreibung

Ziel dieser Unterrichtseinheit ist ein Medienprodukt, das sich aus den einzelnen Ergebnissen der Gruppenarbeit der SuS zusammensetzt. Jede Gruppe erstellt ein Rezept zu typischen Gerichten aus aller Welt, sodass am Ende ein Kochbuch als Sammlung von verschiedenen Rezepten entsteht. Hier dürfen Rezepte von spanischen oder lateinamerikanischen Speisen natürlich nicht fehlen!

Die Gestaltung bietet hierbei vielfältige Möglichkeiten. Ob es „nur" bei einer Sammlung von Rezepten bleibt oder auch die einzelnen Arbeitsschritte aufgeführt werden, hängt von Ihnen bzw. Ihren SuS ab. Letztere Variante bedeutet selbstverständlich einen größeren Aufwand, das Ergebnis wäre jedoch deutlich anschaulicher und lädt Sie und die SuS zum Nachkochen ein. Wenn Sie dies gemeinsam mit den SuS machen möchten, könnten Sie anschließend ein internationales Fest mit vielen leckeren Speisen konzipieren.

Je nach kulturellem Hintergrund, den Ihre SuS mitbringen, bietet es sich an, dass die SuS Gerichte auswählen, die sie aus ihrem familiären Umfeld kennen und somit einen landeskundlichen Bezug zu ihrer Herkunft herstellen können.

Ablauf:

1. Die SuS suchen sich in Gruppen ein Gericht aus, das sie präsentieren möchten. Die Zuordnung kann nach den verschiedenen Gerichten als Ausgangspunkt erfolgen oder die Gruppen entscheiden intern selbst. Bei der zweiten Variante können Sie den Gruppen noch Zeit für eine Recherche geben. Als Hilfestellung könnten Sie darüber hinaus Ideen für typische Gerichte aus aller Welt mitbringen, bei der existierenden Vielfalt dürften die SuS jedoch keine Schwierigkeiten haben, hierbei fündig zu werden.

2. Wenn die SuS sich nicht auf das bloße Rezept beschränken und die einzelnen Arbeitsschritte ebenfalls berücksichtigen, brauchen Sie eine Möglichkeit zum Kochen in der Schule. Manche Schulen verfügen über entsprechende Räumlichkeiten und die benötigte Ausstattung sowie die Zutaten könnten die SuS selbst mitbringen. Um die Arbeitsschritte in Bildern festzuhalten, können die SuS mit Tablets, Smartphones oder Digitalkameras entsprechende Fotos machen und einen bebilderten Ablauf in das Rezept integrieren. Falls es keine Möglichkeit hierfür gibt oder Sie bzw. Ihre SuS sich lediglich für die Rezepte entscheiden, wäre ein Foto des Gerichtes, das im Internet sicherlich zu finden ist, eine schöne Unterstützung des ansonsten eher textlastigen Produkts. Auf die Arbeitsschritte müssten die SuS nicht einmal verzichten – auch hierfür finden sie im Internet passende Fotos. Weiterhin besteht die Möglichkeit, die Arbeitsschritte als Video aufzunehmen und einzubauen.

3. Die einzelnen fertigen Ergebnisse der jeweiligen Gruppen sollten von Ihnen dann im Anschluss an die Präsentationen schließlich zu einem großen Ergebnis – die Rezeptsammlung bzw. das Kochbuch – zusammengefügt werden. Dieses können Sie den SuS dann wiederum zur Verfügung stellen, sodass diese ein vorzeigbares Medienprodukt als Resultat ihrer Arbeit besitzen. Auch der Druck ist denkbar, sodass die SuS es als haptisches Produkt in den Händen halten.

4. Abschließend äußern sich die SuS zu den Rezepten und benennen das Rezept, das sie am meisten anspricht.

Digitale Medien	• Tablets
	  – App: z.B. Book Creator (iOS)
	  – Android: hier benötigen Sie den Browser Chrome und das Webtool (s.u.)
	• Computer mit Internetzugang
	  – Webtool: z.B. Book Creator; hier benötigen Sie ebenfalls den Browser Chrome für den Zugang zum Webtool

Vorbereitung	Die Vorbereitung hängt stark davon ab, für welche Ausgestaltung Sie bzw. Ihre Klasse und Sie sich gemeinsam entschieden haben. In jedem Fall benötigen die SuS Vokabular für diverse Lebensmittel und sie müssen Mengenangaben formulieren können. Wenn auch die Arbeitsschritte angegeben werden sollen, sind die entsprechenden Redemittel ebenfalls zu klären. In spanischen Kochbüchern und auch in einzelnen Lehrwerken finden sich entweder die Verwendung des Imperativs (z.B.: *bate los huevos*) oder die Nutzung des Infinitivs (z.B.: *batir los huevos*) für die Gestaltung von Rezepten.

Material	Neben den Tablets bzw. den Computern für die Gestaltung der Rezepte mit Book Creator ist je nach Wahl des Vorgehens wie auch bei der Vorbereitung das Material auszuwählen. Für eventuelle Fotos oder Videos reicht die interne Kamera der Tablets. Wenn Sie mit Computern arbeiten, bedarf es Smartphones (beispielsweise die der SuS) oder Digitalkameras, um passende Fotos anzufertigen. Wenn die SuS die Gerichte selbst zubereiten, gehören zur Vorbereitung auch die Organisation der passenden Räumlichkeiten sowie der Einkauf der benötigten Lebensmittel dazu.
Sozialform	Die SuS gehen arbeitsteilig in Kleingruppen (GA) vor. Die Präsentation der Ergebnisse findet im Klassenverband (PL) statt.

Kompetenzbereich / Lehrplanbezug	**• Kommunikative Kompetenzen**
	 – Sprechen: zusammenhängendes Sprechen
	  – Leseverstehen
	  – Schreiben
	• Interkulturelle Kompetenzen
	 – Orientierungswissen: Spanisch-sprachige Welt, Regionen, regionale Besonderheiten
	
	• Methodische Kompetenzen
	 – Leseverstehen
	 – Sprechen und Schreiben
	 – Umgang mit Texten und Medien
	 – Kooperatives Sprachenlernen
	• Verfügbarkeit von sprachlichen Mitteln und sprachliche Korrektheit
	 – Aussprache
	 – Grammatik
	 – Wortschatz
	 – Orthographie

Achtung: Stolperstein!	Urheberrechte Wenn die SuS ihre Rezepte mit Fotos aus dem Internet anreichern, weisen Sie sie auf die entsprechenden Urheberrechte hin, die es zu beachten gilt.

Stundenverlauf

Phase	Unterrichtsverlauf	Sozialform	Material
Einstieg	• L zeigt ein Beispielrezept eines Gerichts nach Wahl in der spanischen Sprache (z.B.: *una paella*). → L = Sprachvorbild	LI / PL	Foto / Lebensmittel
Erarbeitung	• SuS suchen sich je Gruppe ein Gericht aus, dessen Rezept sie erarbeiten. • SuS recherchieren das Rezept und bereiten es auf. • Evtl.: SuS bereiten das Gericht in der Realität zu und dokumentieren die einzelnen Arbeitsschritte.	GA	KV 4.4 Tablets / Computer
Präsentation	• Die Gruppen präsentieren ihr jeweiliges Rezept.	PL	Tablets / Computer Beamer / IWB / TV
Sicherung	• L sammelt die einzelnen Rezepte und fügt sie zu einer Rezeptsammlung zusammen.	LI	Tablet / Computer
Evaluation	• SuS bewerten die Rezepte, indem sie das Rezept küren, das sie am meisten anspricht.	PL	

| nombre: | clase: | fecha: |

Nuestra receta: ______________________________

- El país de origen: ______________________________

- La lista de la compra:
    – ¿Qué alimentos tenemos que comprar?
    – ¿Cuál es la cantidad exacta de cada alimento que necesitamos?

Las cantidades

1 g – un gramo
10 g – diez gramos
100 g – cien gramos
1 kg – un kilo (= un kilogramo)
1 L – un litro
1/2 L – medio litro
una docena = 12 (p.ej. una docena de huevos)

4.5: Hoy hace sol y hace mucho calor – ein Wetterbericht mit modernen Medien (Green Screen)

Stundenthema / Kurzbeschreibung

Dieses Unterrichtsvorhaben ist sehr handlungsorientiert und interaktiv. Die SuS übernehmen dabei die Rolle eines Wetterexperten und moderieren einen Wetterbericht. Als Medienprodukt wird somit ein Video erstellt, wie es aus den Nachrichten im Fernsehen bekannt ist. Ob es sich dabei um einen Wetterbericht für Deutschland oder ein Bundesland, um Spanien oder eine *comunidad autónoma* handelt, können Sie entscheiden oder die SuS suchen sich selbst etwas aus. Auch eine einzelne Stadt ist möglich – der Fantasie sind hierbei keine Grenzen gesetzt. Das ganze Szenario wird vor einem *Green Screen* gefilmt und hinterher bearbeitet, sodass ein fertiges Medienprodukt entsteht.

Ablauf:

1. Die SuS arbeiten in Kleingruppen und suchen sich ein Land, eine Region oder eine Stadt aus.
2. Die SuS überlegen sich, welche Details des Wetters sie ansprechen wollen und in welcher Reihenfolge. Hier kann es helfen, die geplante Moderation vorher zu strukturieren und gegebenenfalls die Moderation als kompletten Text oder – wenn die SuS sich dies zutrauen – in Form von Stichpunkten vorzubereiten.
3. Die SuS bestimmen einen Wetterexperten, der die Rolle des Moderators übernimmt und hinterher im Video zu sehen ist.
4. Die SuS suchen geeignete Hintergrundbilder (etwa eine Landkarte mit Wettersymbolen oder passende Fotos) aus dem Internet oder sie gestalten diese selbst. Wichtig ist, dass die Bilder zum Inhalt passen.
5. Die SuS filmen den Wetterbericht. Die SuS, die nicht vor der Kamera zu sehen sind, übernehmen die Rolle des Regisseurs und kümmern sich darum, dass alle Materialien vorhanden sind und die Technik entsprechend aufgebaut ist.
6. Das Video wird bearbeitet, indem die Fläche des *Green Screens* mit passenden Fotos oder der Wetterkarte überlagert wird.

Digitale Medien	• Tablets – App: z.B. Green Screen by Do Ink (iOS)
Vorbereitung	Die SuS benötigen das entsprechende Vokabular, das während des Wetterberichts zum Einsatz kommen soll. Hierbei handelt es sich um typische Redewendungen (z.B.: *hace sol, llueve*) sowie die Zahlen, um die Temperatur angeben zu können. Ersteres finden sie auf der Kopiervorlage. Der *Green Screen* kann auf verschiedene Weisen realisiert werden: – ein ausreichend großes Stück grüner Stoff. Dieser muss aber so straff aufgehängt werden, dass er keine Falten wirft, da diese hinterher zu sehen wären. Er sollte außerdem eine gewisse Dicke und Belastbarkeit aufweisen. Geeignete Modelle sind im Handel erhältlich. – eine Wand, die grün gestrichen ist. – ein fertiger *Green Screen*, der im Einzelhandel zu kaufen ist. Dieser ist üblicherweise als eine Art Leinwand erhältlich, die in der Ursprungsform aufgerollt ist. Um sie zu verwenden wird sie dann ausgerollt und mithilfe von integrierten Stangen und einem Ständer fixiert. Der Name beinhaltet jedoch eine Empfehlung, da die Farbe Grün vergleichsweise wenige Schnittmengen mit üblichen Kleidungsstücken hat. Sie sollten demnach auch darauf achten und die SuS vorher darauf hinweisen, dass sie keine grünen Kleidungsstücke tragen sollten, wenn sie vor der Kamera zu sehen sind, da diese ansonsten ebenfalls von den späteren Bildern überdeckt werden.

Material	Für die Videoaufnahme reicht die Kamera, die im Tablet eingebaut ist. Als Unterstützung für das Filmen sollten Sie zusätzlich ein Stativ mit einer Halterung für das Tablet mitbringen, damit das Tablet stabilisiert wird und die Aufnahmen nicht verwackeln. Ein *Green Screen* als Hintergrund für die Videoaufnahmen. Auch eine Art Moderationspult sollte für einen authentischen Look vorhanden sein. Hierfür bietet sich beispielsweise das Lehrerpult an.
Sozialform	Bei dem gesamten Unterrichtszenario arbeiten die SuS in Kleingruppen zusammen (GA) und sind als Team mit unterschiedlichen Aufgaben für das gemeinsame Endprodukt verantwortlich.

Kompetenzbereich / Lehrplanbezug	• Kommunikative Kompetenzen
	  – Sprechen: zusammenhängendes Sprechen
	
	• Interkulturelle Kompetenzen
	  – Orientierungswissen: Gesellschaftliches Leben
	
	• Methodische Kompetenzen
	  – Sprechen
	  – Umgang mit Texten und Medien
	  – Kooperatives Sprachenlernen
	
	• Verfügbarkeit von sprachlichen Mitteln und sprachliche Korrektheit
	  – Aussprache
	  – Grammatik
	  – Wortschatz

Achtung: Stolperstein!	Videoaufnahmen sollten immer im Querformat aufgenommen werden. Einerseits ist das aufgenommene Bild somit deutlich größer und andererseits passt das Format besser zu den üblichen Abspielgeräten und deren Darstellung – etwa bei einem TV-Gerät oder einem Beamer. Wenn Sie Schüler filmen, sollten Sie vorher deren Eltern informieren und deren Einverständnis einholen. Möglicherweise haben die Eltern eine entsprechende Erlaubnis bereits im Rahmen der Anmeldung ihres Kindes an der Schule gegeben.
Weiterführende Gedanken / Alternativen	Neben einem Wetterbericht sind auch andere Einsatzmöglichkeiten mit vergleichbarem Aufbau denkbar. So könnten die SuS auch eine Nachrichtensendung konzipieren oder Berichte über einzelne Ereignisse erstellen.

Stundenverlauf

Phase	Unterrichtsverlauf	Sozialform	Material
Einstieg	<u>Variante 1</u> • L zeigt einen Wetterbericht aus dem spanischen TV. <u>Variante 2</u> • L spricht mit den SuS über das aktuelle Wetter am jeweiligen Standort. <u>Variante 3</u> • L zeigt typische Symbole und die SuS versprachlichen diese.	LI UG UG	Tablet / Computer / IWB KV 4.5

Erarbeitung	• SuS suchen ein Land / eine Region / eine Stadt aus.	GA	
	• SuS wählen passende Ausdrücke, um über das Wetter vor Ort zu berichten.	GA	KV 4.5
	• SuS suchen einen passenden Hintergrund, der in der Nachbearbeitung über den *Green Screen* gelegt wird.	GA	Tablets / Computer
	• SuS bereiten die Moderation vor (als Fließtext oder als Stichpunkte).	GA	
	• SuS wählen einen Moderator oder eine Moderatorin.	GA	
	• Die übrigen SuS bereiten den Aufbau vor und stellen alle Gegenstände an den vorgesehenen Platz.	GA	
	• Der Wetterbericht wird auf Video aufgenommen.	GA	Tablets
	• Die SuS bearbeiten den Hintergrund, indem sie die grüne Fläche durch den zuvor ausgesuchten Hintergrund ersetzen.	GA	Tablets
Präsentation	Die fertigen Wetterberichte der Gruppen werden in der Klasse gemeinsam angesehen.	PL	Tablets / Computer Beamer / IWB / TV
Reflexion	Die SuS berichten vom Vorgehen, indem sie etwa aufgetretene Schwierigkeiten benennen und geben den anderen Gruppen ein Feedback zu ihren Medienprodukten.	PL / UG	

nombre:	clase:	fecha:

Expresiones útiles para hablar del tiempo atmosférico

hace calor		hace sol	
hace frío		hace viento	
hace 27 grados		está nublado	
hace 8 grados bajo cero		llueve	
hay niebla		nieva	

4.6: Mi rutina diaria – den eigenen Tagesablauf darstellen (Digitales Storytelling)

Stundenthema / Kurzbeschreibung

Bei diesem Unterrichtsvorhaben stehen die SuS als Individuum im Vordergrund. Sie berichten über ihren Alltag und wie sich dieser (typischerweise) gestaltet. Die SuS verbinden dabei Bild und Ton in einem Medienprodukt. Dies geschieht z.B. mit der App Adobe Spark Video, bei der ebendiese Funktionen im Vordergrund stehen. Ähnlich wie man es von einer Powerpoint-Präsentation kennt, erstellt man für jeden Schritt eine eigene Folie. Diese kann mit Text, Bildern, o.ä. gestaltet werden. Der Unterschied zu Powerpoint liegt darin, dass man die Folien zusätzlich noch mit Ton versehen kann, indem man einen eigens eingesprochenen Kommentar je Folie ergänzt. Hierfür findet man einen entsprechenden Button, mit dem man die Aufnahme startet bzw. stoppt. Die Aufnahme kann immer wieder überschrieben werden, bis der Schüler mit dem Ergebnis zufrieden ist. Dieses Vorgehen kommt vor allem unsicheren SuS zugute, die ansonsten vom Typ her eher zurückhaltend sind oder Unsicherheiten beim aktiven Gebrauch der spanischen Fremdsprache im Klassenverband zeigen. Die App setzt die einzelnen Folien anschließend zu einer Videodatei zusammen, die im internen Speicher hinterlegt wird oder auch exportiert werden kann. Das Endprodukt zeigt einen Ablauf (Storytelling) – hier eines Tages – der die gesprochenen Informationen durch passende Bilder, Fotos, o.ä. unterstützt. Um die Aufmerksamkeit der Zuhörer sicherzustellen, können die SuS vor ihrer Präsentation drei passende Fragen zu ihrer Präsentation formulieren, zu denen sich die Zuhörer als Hörauftrag Notizen machen und die anschließend besprochen werden (z.B.: *¿A qué hora hago mis deberes? / ¿Qué hago normalmente después del desayuno?*).

Ablauf:

1. Die SuS überlegen, wie ihr Alltag aussieht und welcher Tag sich anbietet, um Auskunft über dessen Ablauf zu geben. Die SuS machen sich hierzu Notizen und überlegen sich, wie sie die Information auch visuell unterstützen können.
2. Die SuS gestalten zunächst die Folien mit Inhalten. Sie können geschriebenen Text, Fotos, Bilder, etc. verwenden. Bei dem Text sollten sich die SuS auf kurze Informationen beschränken, etwa die Angabe einer Uhrzeit.
3. Wenn alle Folien vollständig und in der richtigen Reihenfolge erstellt worden sind, sprechen die SuS jeweils den Text in der spanischen Sprache je Folie ein.
4. Aus den einzelnen Bestandteilen wird durch die App eine zusammenhängende Videodatei erstellt. Diese wird anschließend präsentiert.

Digitale Medien	• Tablets mit Internetverbindung
	  – App: z.B. Adobe Spark Video (iOS / eine Version für Android ist laut Hersteller in der Entwicklung)
	• Computer mit Internetzugang
	  – Webtool: z.B. Adobe Spark Video

Vorbereitung	Um ihren Tagesablauf beschreiben zu können, benötigen die SuS das entsprechende Vokabular mit einem Schwerpunkt auf verschiedene Verben. Neben reflexiven Verben (*levantarse, ducharse, ...*), Verben für wiederkehrende Tätigkeiten (*cenar, hacer los deberes, ...*) oder Freizeitaktivitäten (*quedar con amigos, jugar al fútbol, ...*)
Material	• ggf. externe Mikrofone, um die Audioqualität der Aufnahme zu verbessern • ggf. Kopfhörer, wenn die SuS ihre Aufnahmen probehören wollen. Häufig haben die SuS eigene Kopfhörer dabei oder sie bringen die auf Ihre Bitte hin mit zur Schule.
Sozialform	Die SuS arbeiten individuell (EA), da jeder Schüler seinen ganz eigenen Tagesablauf präsentiert. Die Präsentationsphase kann zu zweit (PA), in Kleingruppen (GA) oder innerhalb der ganzen Klasse (PL) erfolgen.

<table>
<tr><td>Kompetenz-
bereich /
Lehrplanbezug</td><td>

• <u>Kommunikative Kompetenzen</u>
  – Sprechen: zusammenhängendes Sprechen
  – Schreiben

• <u>Interkulturelle Kompetenzen</u>
  – Orientierungswissen: Persönliche Lebensgestaltung

• <u>Methodische Kompetenzen</u>
  – Sprechen und Schreiben
  – Umgang mit Texten und Medien
  – Selbständiges Sprachenlernen

• <u>Verfügbarkeit von sprachlichen Mitteln und sprachliche Korrektheit</u>
  – Aussprache
  – Grammatik
  – Wortschatz
  – Orthographie

</td></tr>
<tr><td>Achtung:
Stolperstein!</td><td>

Je nach Lernstand der SuS können einzelne Verben noch Schwierigkeiten hinsichtlich der Konjugation bedeuten - wenn es sich etwa um unregelmäßige Verben bzw. Verben mit einzelnen Unregelmäßigkeiten handelt.

Manche SuS fühlen sich unwohl oder empfinden sogar Scham, wenn sie ihre eigene Stimme hören. Auf diesen Umstand sollten Sie vorbereitet sein. Oft hilft es schon, wenn Sie den SuS bewusst machen, dass es für die anderen anwesenden Personen die ganz normale Stimme ist, die sie täglich hören. Auch können Sie als Lehrkraft ein Beispiel vorgeben, um den SuS die eventuell vorhandene Scheu zu nehmen. Für die Aufnahme des eingesprochenen Textes sollten Sie den SuS entsprechende Räumlichkeiten zur Verfügung stellen, da man ansonsten störende Hintergrundgeräusche in den Aufnahmen hört.

Wenn die SuS alle Funktionen der App nutzen sollen, ist ein Internetzugang nötig, da die App auf Datenbanken für Symbole, Grafiken, etc. zurückgreift. Grundsätzlich funktioniert die App auch offline, nachdem ein Login erfolgt ist.

</td></tr>
<tr><td>Weiterführende
Gedanken /
Alternativen</td><td>

Weitere Anknüpfungspunkte für das beschriebene Vorgehen sind:
Eine typische Woche, die vergangenen Ferien (Vergangenheitstempora), ...

</td></tr>
</table>

Stundenverlauf

Phase	Unterrichtsverlauf	Sozialform	Material
Einstieg	• L stellt einen Tagesablauf vor (einer fiktiven Person oder seinen eigenen), indem er passende Bilder kommentiert (z.B. ein Bild eines Weckers mit dem Kommentar: *A las seis y media me levanto*).	LI	
Überleitung	• L bittet einzelne SuS Auszüge aus ihrem Tagesablauf zu benennen (z.B.: – *Jan, ¿qué haces normalmente por la mañana/por la tarde/por la noche? – Aylin, ¿qué haces normalmente a las tres de la tarde? – Lukas, ¿a qué hora cenas normalmente?*).	PL / UG	

Erarbeitung	• SuS notieren sich wiederkehrende Elemente ihres Alltags.	EA	KV 4.6
	• SuS erstellen schrittweise eine Übersicht eines typischen Tagesablaufes in der App.	EA	Tablets / Computer
Präsentation	• Einzelne SuS präsentieren ihr Ergebnis.	PL / SB	Tablets / Computer
	• Vorher: SuS schreiben Fragen als Hörauftrag an.		Beamer / IWB / TV
Sicherung	• Die zuhörenden SuS nennen die Antworten auf die inhaltlichen Fragen zur Präsentation.	PL / UG	

<table>
<tr><td>nombre:</td><td>clase:</td><td>fecha:</td></tr>
</table>

Mi rutina diaria

✓ ¿A qué hora te levantas?

✓ ¿Te duchas después de levantarte?

✓ ¿A qué hora desayunas (con tu familia)?

✓ ¿A qué hora sales de casa para ir al colegio?

✓ ¿Cómo vas al colegio?

✓ ¿A qué hora tienes la clase de _______________?

✓ ¿A qué hora terminan las clases?

✓ ¿Tienes que hacer los deberes?

✓ ¿Qué haces en tu tiempo libre?

✓ ¿A qué hora cenas (con tu familia)?

✓ ¿Qué haces normalmente antes de acostarte?

✓ ¿A qué hora te acuestas?

4.7: Este es nuestro colegio – die eigene Schule präsentieren (Interaktives eBook)

Stundenthema / Kurzbeschreibung

Die eigene Schule mit digitalen Medien vorzustellen, kann auf ganz unterschiedlichen Wegen erfolgen. Nachfolgend wird einer dieser Wege dargestellt, der den geringsten Aufwand bedeutet und zudem ohne nennenswerte zusätzliche Technik auskommt. Drei weitere Wege finden Sie weiter unten aufgeführt.

Hierfür kommt erneut z.B. die App Book Creator zum Einsatz, die auch in anderen Unterrichtsentwürfen genutzt wird. Die SuS arbeiten wieder arbeitsteilig und aus den einzelnen Ergebnissen der Gruppenarbeit wird gemeinsam ein zusammenhängendes Gesamtprodukt als Endergebnis erarbeitet. Die SuS setzten sich dabei intensiv mit ihrer Schule auseinander – es hat sich gezeigt, dass man auch als Lehrkraft durch die Sicht der SuS neue Perspektiven auf den eigenen Arbeitsplatz gewinnt und auch die SuS den Ort, an dem sie täglich viel Zeit verbringen, möglicherweise noch einmal anders wahrnehmen, als sie es bisher getan haben. Ziel der Unterrichtseinheit ist es, dass die Schule präsentiert wird – etwa für fremde SuS, die im Rahmen eines Schüleraustausches zu Besuch kommen.

Ablauf:

1. Die SuS suchen sich in ihren Gruppen jeweils einen Schwerpunkt aus, mit dem sie sich beschäftigen. Das kann der eigene Klassenraum, die Pausenhalle, der Eingangsbereich der Schule, die Sporthalle, der Schulhof oder auch – wenn vorhanden – die Cafeteria bzw. die schuleigene Mensa sein. Vielleicht gibt es auch einen besonderen Platz oder Gegenstand, der das Schulbild prägt und für die SuS zu ihrem schulischen Alltag dazugehört.
2. Jede Gruppe erstellt ein Kapitel zum gewählten Schwerpunkt. Dieses sollte mindestens aus einer entsprechenden Überschrift, stichpunktartigen Informationen sowie einer visuellen Unterstützung in Form von Fotos oder auch kurzen Videosequenzen bestehen. Auch längere informative Texte sind ebenso denkbar wie eingesprochene Kommentare der SuS in der Fremdsprache.
3. Die einzelnen Ergebnisse werden präsentiert und bei Bedarf von den anderen SuS kommentiert.
4. Die Lehrkraft erstellt aus allen einzelnen Ergebnissen der Gruppen eine zusammenhängende Übersicht über die Schule.

Digitale Medien	• Tablets
	  – App: z.B. ABook Creator (iOS)
	  – Android: hier benötigen Sie den Browser Chrome und das Webtool (s.u.)
	• Computer mit Internetzugang
	  – Webtool: z.B. Book Creator; hier benötigen Sie ebenfalls den Browser Chrome für den Zugang zum Webtool

Vorbereitung	Es bedarf von Ihrer Seite aus keiner größeren Vorbereitung außer dem Bereitstellen der benötigten Materialien sowie der Koordination der jeweiligen Gruppen, da die SuS möglichst selbständig entscheiden und ihrer Fantasie freien Lauf lassen sollen. Als Hilfestellung können Sie ihnen jedoch einen thematischen Rahmen aufzeigen (etwa den erwähnten – fiktiven – Schüleraustausch) sowie eine Reihe von Impulsen an die Hand geben (siehe Kopiervorlage 4.7).
Material	• Digitalkameras oder Smartphones (der SuS), um Fotos zu machen oder Videos aufzunehmen; bei den Tablets sind diese Funktionen integriert
Sozialform	Die SuS arbeiten zunächst arbeitsteilig in Gruppen (GA). Die konkrete Arbeitsverteilung innerhalb der Gruppen erfolgt durch die SuS (EA).

Kompetenz-bereich / Lehrplanbezug	• Kommunikative Kompetenzen – Schreiben • Interkulturelle Kompetenzen – Orientierungswissen: Schule • Methodische Kompetenzen – Sprechen und Schreiben – Umgang mit Texten und Medien – Kooperatives Sprachenlernen	• Verfügbarkeit von sprachlichen Mitteln und sprachliche Korrektheit – Grammatik – Wortschatz – Orthographie
Achtung: Stolperstein!	Da zumindest ein Teil der SuS voraussichtlich den Klassenraum verlassen wird, um Fotos von der Schule zu schießen, weisen Sie sie auf das gemeinsame Ziel hin und setzen Sie gegebenenfalls zeitliche Limits, sodass die SuS die Zeit nicht vertrödeln oder für anderweitige Zwecke nutzen. Hierbei kann auch eine Planung von geeigneten Motiven vorab helfen, bei denen Sie den SuS zur Seite stehen. Auch das Thema Aufsichtspflicht wird an dieser Stelle relevant. Möglicherweise müssen Sie das geplante Vorgehen mit einer schulinternen Verwaltung abklären, wenn die SuS den Klassenraum zur Unterrichtszeit verlassen sollen. Bildrechte Falls Fotos angefertigt werden, sollten die SuS weiterhin darauf achten, dass keine Personen auf diesen zu sehen sind – schon gar nicht, ohne diese zu informieren oder deren Einverständnis einzuholen.	
Weiterführende Gedanken / Alternativen	Weitere Möglichkeiten, um das Thema mit digitalen Medien aufzubereiten, sind: • der Einsatz einer 360-Grad-Kamera und die damit verbundene Erstellung eines virtuellen Schulrundgangs. • eine digitale „Schnitzeljagd", bei der die Teilnehmer aufgabengestützt die Schule (oder andere Lernorte) erkunden – Actionbound. • ein zusammengeschnittenes Video als Imagefilm, in dem die SuS ihre Schule vorstellen.	

Stundenverlauf

Phase	Unterrichtsverlauf	Sozialform	Material
Einstieg	• L stellt den SuS eine (fiktive) Situation vor, welche die Vorstellung der Schule erfordert (z.B. einen Schüler-austausch und den damit verbundenen Besuch der SuS der Austauschschule). → Anforderungssituation	LI	
Erarbeitung	• SuS suchen sich in Gruppen einen Schwerpunkt aus. • SuS erstellen ihr jeweiliges Kapitel in der App bzw. dem Webtool.	GA GA	KV 4.7 Tablets / Computer
Präsentation	• Die Gruppen präsentieren ihr Ergebnis.	PL	Tablets / Computer Beamer / IWB / TV
Sicherung	• L stellt ein zusammenhängendes Gesamtprodukt als Information über die Schule zusammen.		Tablet / Computer
Evaluation	• SuS bewerten das Gesamtprodukt hinsichtlich der Eignung als Übersicht über die Schule für fremde SuS.	PL / UG	

nombre:	clase:	fecha:

Este es nuestro colegio

✓ ¿En qué año se construyó nuestro colegio?

✓ ¿Cuántos alumnos tiene nuestro colegio?

✓ ¿Cuántos profesores trabajan aquí?

✓ ¿Cuántas aulas hay en total?

✓ ¿Hay una cafetería?

✓ ¿Dónde / Cómo pasan los alumnos el recreo?

✓ ¿A qué hora empiezan / terminan las clases?

✓ ¿Hay actividades deportivas / culturales para los alumnos?

✓ ¿Hay actividades extraescolares?

✓ ¿Hay ofertas especiales?

✓ (...)

4.8: El colegio del futuro – Konzepte zur Schule der Zukunft (Podcast)

Stundenthema / Kurzbeschreibung

Auch in diesem Entwurf geht es um das Thema Schule und somit um die Lebenswelt der SuS. Im Gegensatz zur vorausgehenden Unterrichtseinheit (vgl. Unterrichtsentwurf 4.7) steht dabei aber nicht die Präsentation der jeweiligen Schule der Gegenwart im Vordergrund, sondern die SuS entwerfen Pläne für die Schule der Zukunft und wie sie sich diese vorstellen bzw. wie sie sich ihre Traumschule vorstellen. Hierfür können sie ihre gesamte Fantasie ausschöpfen und kreative Ideen entwerfen – der Fantasie sind dabei keine Grenzen gesetzt. Sie können vielfältige Aspekte aufgreifen und gewohnte Gegebenheiten entsprechend modifizieren: Wann beginnt der Schulalltag? Welche Fächer werden unterrichtet? Wie und wo findet der Unterricht statt? Wie wird gelernt? Gibt es Hausaufgaben? Wie sehen das Schulgebäude und der Schulhof aus? Sie sehen – es gibt sehr viele Möglichkeiten für die SuS, sich zu diesem Thema Gedanken zu machen. Aus allen Ideen wird ein Podcast erstellt, der den Charakter eines Interviews hat. Somit sind verschiedene Rollen vorgesehen: Der Podcast kann als ein Dialog oder auch als ein Gespräch mit mehreren Teilnehmern aufgezogen werden. Es sollte jedoch immer einen Moderator geben, der Fragen stellt oder Impulse gibt, sodass die Audioaufnahme strukturiert erfolgt. Die SuS arbeiten hierbei in Gruppen zusammen. Durch die unterschiedlichen Gedanken, die in den Gruppen zusammengetragen werden, sind abwechslungsreiche Ergebnisse zu erwarten, die im Nachhinein noch einmal kommentiert und verglichen werden können.

Ablauf:

1. Die SuS entwerfen arbeitsteilig in Gruppen zu verschiedenen möglichen Aspekten kreative Antworten und sammeln und strukturieren diese. Hierfür können die Impulsfragen als Ausgangspunkt dienen (siehe Kopiervorlage 4.8).
2. Je Gruppe wird ein Schüler ausgesucht, der die Rolle des Moderators übernimmt. Im Team werden die passenden Fragen und Impulse überlegt und schriftlich fixiert, mit denen der Moderator durch den Podcast führt.
3. Die Gruppen überlegen sich jeweils einen Ablauf und wie die Fragen beantwortet werden. Um alle einzubinden, sollten die Antworten aufgeteilt werden. Auch hierfür empfiehlt es sich, Moderationskärtchen für die Fragen und Antworten zu erstellen.
4. Der Podcast wird aufgenommen und anschließend von den Gruppenmitgliedern nachbearbeitet. Dabei können Versprecher, störende Geräusche wie Räuspern oder überbrückte Sprechpausen (*äh, ähem*) herausgeschnitten werden, um das Endergebnis zu optimieren.
5. Die verschiedenen Podcast-Aufnahmen der Gruppen werden präsentiert und gemeinsam reflektiert, beispielsweise hinsichtlich von Gemeinsamkeiten oder Unterschieden, der Umsetzbarkeit von einzelnen Ideen, o. ä.

Digitale Medien	• Tablets oder Smartphones
	  – beide Gerätetypen haben ein internes Mikrofon, mit dem Audioaufnahmen aufgezeichnet werden können
	  – häufig ist auch eine App vorinstalliert, mit denen man Ton aufnehmen und gegebenenfalls (meist eher rudimentär) bearbeiten kann
	  – weiterführende Apps mit umfangreicheren Funktionen: GarageBand (iOS), Voice Record Pro (iOS), Voice Recorder Pro (Android)
	• Computer mit externem Mikrofon
	  – eine Software zur Nachbearbeitung der Aufnahme, z.B. Audacity

Vorbereitung	Weisen Sie die SuS darauf hin, dass es für eine Audioaufnahme wie auch im Unterricht selbst, wichtig ist, dass die SuS ausreichend laut und deutlich sprechen. Lassen Sie sie im Vorfeld üben und sich mit der Technik anhand von Probeaufnahmen vertraut machen. Auch Räumlichkeiten, die eine störungsfreie Aufnahme ermöglichen, sollten vorhanden sein. Es wäre sehr ärgerlich, wenn die SuS in der Nachbearbeitung merken, dass die gesamte Aufnahme oder auch Teile davon, aus o.g. Gründen unbrauchbar ist. Auch sollte ein Podcast eine klare Struktur und neben dem inhaltlichen Schwerpunkt gängige Elemente wie eine Begrüßung, eine Vorstellung der Gesprächsteilnehmer, einen einleitenden Satz mit Nennung des Themas sowie eine Verabschiedung beinhalten.

Material	Wenn die SuS für die Aufnahmen ein Smartphone oder Tablet verwenden, kann es sich lohnen, zusätzliche Technik zu besorgen. Der Einsatz von externen Mikrofonen verspricht eine bessere Audioqualität der Aufnahmen – vor allem dann, wenn mehrere Personen an der Aufnahme beteiligt sind. Hierbei gibt es Modelle in verschiedenen Preisklassen zu kaufen – auch spezielle Mikrofone für die Aufzeichnung von Podcasts, die auf Sprachaufnahmen ausgerichtet sind, existieren.
Sozialform	Die SuS arbeiten in allen Phasen des Unterrichts als Gruppe (GA) zusammen: in der Vorbereitung, in der Durchführung sowie in der Nachbearbeitung. Wenn sich eine Gruppe entscheidet, die Aufnahme als Dialog zu konzipieren, ist eine Phase der Partnerarbeit (PA) enthalten.

Kompetenz-bereich / Lehrplanbezug	• Kommunikative Kompetenzen
	  – Hörverstehen
	  – Sprechen: zusammenhängendes Sprechen / an Gesprächen teilnehmen
	
	• Interkulturelle Kompetenzen
	  – Orientierungswissen: Schule
	
	• Methodische Kompetenzen
	  – Sprechen
	  – Umgang mit Texten und Medien
	  – Kooperatives Sprachenlernen
	
	• Verfügbarkeit von sprachlichen Mitteln und sprachliche Korrektheit
	  – Aussprache und Intonation
	  – Wortschatz

Achtung: Stolperstein!	Wenn die Podcastfolgen veröffentlicht werden sollen – etwa auf der Schulhomepage oder einer eigenen Webseite zur Sicherung der Ergebnisse, sollen Sie als Lehrkraft – ähnlich wie bei Fotoaufnahmen der SuS – unbedingt deren Einverständnis sowie das Einverständnis der Erziehungsberechtigten einholen.

Stundenverlauf

Phase	Unterrichtsverlauf	Sozialform	Material
Einstieg	<u>Variante 1</u> • L zeigt ein Foto eines futuristischen Schulgebäudes als Einstiegsimpuls.	LI	Foto
	<u>Variante 2</u> • L schreibt das Thema *el colegio del futuro* an und veranstaltet mit den SuS ein erstes Brainstorming zu möglichen Aspekten.	SB / UG	
	<u>Variante 3</u> • SuS formulieren erste Gedanken mittels der Leitfragen und L hält diese in Form einer *mapa mental* schriftlich fest.	SB	
Überleitung	• L erklärt das geplante Vorgehen und die möglichen Aspekte werden auf die Gruppen verteilt.	LI	
	• L gibt den SuS die Impulsfragen (bei Variante 1 und 2 im Einstieg).	LI	KV 4.8

Erarbeitung	• SuS formulieren Antworten zu ihrem jeweiligen Aspekt.	GA	
	• SuS entwerfen einen strukturierten Ablauf für die Audioaufnahme (Moderation und Antworten).	GA	
	• SuS nehmen in ihren Gruppen die Podcastfolge auf.	GA	
	• SuS bearbeiten die Audioaufnahme und sichern das Endergebnis.	GA	
Präsentation	• Die Podcastfolgen werden präsentiert.	PL	Tablets / Computer Beamer / IWB / TV / Lautsprecher
Evaluation	• SuS bewerten die vorgestellten Ergebnisse (Umsetzbarkeit, Kreativität, …).	PL / UG	

nombre:	clase:	fecha:

El colegio del futuro

✓ ¿Qué apariencia tiene el edificio?

✓ ¿A qué hora empiezan / terminan las clases?

✓ ¿Hay deberes?

✓ ¿Cuántos alumnos hay en cada clase?

✓ ¿Qué ofertas hay para los alumnos?

✓ ¿Hay actividades extraescolares?

✓ ¿Se utiliza tecnología moderna en las clases?

✓ ¿Qué apariencia tiene el patio del colegio?

✓ ¿Cómo pasan los alumnos el recreo?

✓ ¿Hay una cafetería? ¿Qué se puede comprar ahí?

✓ (...)

4.9: Un país con muchas facetas: una guía turística de España – ein interaktiver Reiseführer über Spanien (Interaktives eBook)

Stundenthema / Kurzbeschreibung

Die SuS lernen die einzelnen *comunidades autónomas* Spaniens kennen, indem sie diese arbeitsteilig in Gruppenarbeit erarbeiten, anschließend vor der Klasse präsentieren und zu einem gemeinsamen Spanien-Reiseführer als finales Medienprodukt in Form eines interaktiven eBooks zusammenfügen.

Ablauf:

1. Die SuS suchen sich eine Region Spaniens aus und recherchieren zunächst zu grundlegenden Informationen, um sich einen Überblick zu verschaffen. Als Lehrkraft können Sie hierbei unterstützend mitwirken, indem Sie den SuS Leitfragen geben, die ihnen bei der Suche helfen. Auch sollten Sie Vorgaben machen, damit eine gewisse Einheitlichkeit gegeben ist und die SuS vergleichbare Produkte erstellen.
2. Die SuS präsentieren ihr Kapitel (zur jeweiligen *comunidad autónoma*) vor der Klasse.
3. Als Hörauftrag für die Zuhörer bieten sich kleine Quizfragen an, die von den einzelnen Gruppen jeweils vorbereitet und im Anschluss thematisiert werden.
4. Alle Teilkapitel der jeweiligen Gruppen können Sie als Lehrkraft anschließend zusammenfügen, sodass ein umfassender Reiseführer Ihrer Klasse entsteht. Diesen können Sie den SuS beispielsweise über das Internet zugänglich machen, sodass sie ihr Produkt auch erhalten.

Digitale Medien	• Tablets
	  – App: z.B. Book Creator (iOS)
	  – Android: hier benötigen Sie den Browser Chrome und das Webtool (s.u.)
	• Computer mit Internetzugang
	  – Webtool: z.B. Book Creator; hier benötigen Sie ebenfalls den Browser Chrome für den Zugang zum Webtool

Vorbereitung	Entscheiden Sie ganz zu Beginn Ihrer Planung, ob Sie die SuS lediglich in (Klein-) Gruppen arbeiten lassen wollen oder ob auch die Möglichkeit besteht, dass einzelne SuS alleine arbeiten. Bei diesem Unterrichtsentwurf bietet sich eine Arbeit in Kleingruppen an. Eine Möglichkeit zur Gruppenbildung ist, dass die SuS sich nach Interesse zusammenfinden. Außer den Tablets mit Internetanschluss oder einem Computerraum benötigen Sie zunächst nichts.

Material	• Tablets / Computer
	  – In der Recherchephase bekommt jeder Schüler ein Gerät (1:1-Modell), damit innerhalb der Gruppe arbeitsteilig und zeitsparend gearbeitet werden kann.
	  – Das Produkt zur Präsentation sollte möglichst auf einem gemeinsamen Gerät erstellt werden. In der App Book Creator können die SuS auch Teil-Produkte zusammenführen, sodass auch hier arbeitsteilig gearbeitet werden könnte.
	• eine Checkliste mit Leitfragen, die den SuS als Orientierung dienen soll (siehe Kopiervorlage 4.9)
	• ggf. eine Liste mit Redemitteln (*sistema de apoyo*), die den SuS als Hilfe für die Präsentation in der Zielsprache dient und typische Wendungen auflistet
	• ggf. eine Checkliste mit Kriterien für eine erfolgreiche Präsentation

Sozialform	Schwerpunktmäßig arbeiten die SuS in Gruppenarbeit (GA); phasenweise und abhängig von der Verteilung der Aufgaben innerhalb der Gruppen sind auch Einzelarbeitsphasen (EA) möglich und sinnvoll.

**Kompetenz-
bereich /
Lehrplanbezug**
	• Kommunikative Kompetenzen
	  – Hörverstehen
	  – Sprechen: zusammenhängendes Sprechen
	  – Leseverstehen
	
	• Interkulturelle Kompetenzen
	  – Orientierungswissen: Spanischsprachige Welt, Regionen,
	    regionale Besonderheiten
	
	• Methodische Kompetenzen
	  – Leseverstehen
	  – Sprechen und Schreiben
	  – Umgang mit Texten und Medien
	  – Kooperatives Sprachenlernen
	
	• Verfügbarkeit von sprachlichen Mitteln und sprachliche Korrektheit
	  – Aussprache
	  – Grammatik
	  – Wortschatz
	  – Orthographie

Achtung: Stolperstein!	Präsentation Wenn die SuS ihr Produkt via Beamer oder TV präsentieren und dazu die erstellten Seiten in der App Book Creator nutzen wollen, sollten Sie vorher Screenshots machen. Innerhalb der Screenshots können die SuS zoomen und das Bild verschieben, um den Fokus auf den jeweiligen Aspekt zu legen. Innerhalb der App kann nicht gezoomt werden, sodass nicht gewährleistet ist, dass alle Details innerhalb des gesamten Klassenraums lesbar sind. Urheberrechte Bei einem Reiseführer bietet es sich an, diese mit Fotos, Grafiken (z.B. Stadtpläne, Karten) und weiteren gestalterischen Elementen auszuschmücken. Beachten Sie dabei geltende Urheberrechte und informieren Sie sich über die Nutzung sowie die entsprechenden Vorgaben, wenn die SuS Medien in ihren Reiseführern verwenden. Nehmen Sie diesen Umstand also zum Anlass, die SuS für dieses Thema zu sensibilisieren und thematisieren Sie (insofern den SuS noch unbekannt) die richtige Verwendung von Internetquellen sowie das richtige Zitieren selbiger. Differenzierung • Sie können innerhalb der Gruppen differenzieren, wenn Sie beispielsweise die Vorgaben staffeln und eine Minimalgrenze angeben (z.B.: *Mencionad por lo menos dos monumentos*). • SuS, die Probleme haben, vor der Lerngruppe etwas mündlich zu präsentieren, haben die Möglichkeit, ihren Beitrag innerhalb von Book Creator als Audiodatei aufzunehmen und an passender Stelle im Reiseführer zu hinterlegen. Diese kann bei Bedarf dann per Befehl abgespielt werden. • Die Fragen, die von der Gruppe für die Zuhörer gestellt werden, können vorher oder hinterher schriftlich gestellt werden. Je nach Wahl unterscheidet es sich, ob die SuS gezielt die Informationen notieren können (leichter) oder versuchen, die Antworten aus ihren allgemeinen Notizen herauszufiltern (anspruchsvoller).
Weiterführende Gedanken / Alternativen	Als Alternative zu einem umfassenden Reiseführer über Spanien als Land können die SuS sich mit einer einzelnen Region oder sogar mit einer einzelnen Stadt auseinandersetzen und einzelne Teilthemen arbeitsteilig bearbeiten. Auch eine Präsentation der eigenen Stadt – etwa als Informationsbroschüre zur Vorbereitung auf einen (fiktiven) Schüleraustausch – ist denkbar.

Stundenverlauf

Phase	Unterrichtsverlauf	Sozialform	Material
Einstieg	• Erprobung der App bzw. der Webversion von Book Creator: – SuS testen die App und die Grundfunktionen (Alternative: L erklärt diese und macht bestimmt Schritte vor; SuS machen diese nach). • L gibt eine Übersicht über die Materialien und das geplante Vorgehen.	EA / PI	Tablets / Computer KV 4.9
Erarbeitung	1. Recherche – SuS suchen Informationen zu der jeweiligen *comunidad autónoma* und notieren sich diese sowie die zugehörigen Quellen. – SuS suchen passende Fotos, Grafiken, etc. und speichern diese ab sowie notieren die zugehörigen Quellen. 2. Erstellung des Medienprodukts (‚Reiseführer') – SuS erstellen auf Grundlage ihrer gesammelten Materialien ihren Beitrag als Kapitel des Reiseführers. – SuS erstellen passende Quizfragen, die von den Zuhörern im Anschluss an die Präsentation beantwortet werden (z.B. als offene Fragen oder als Multiple-Choice-Fragen; 2–4 Fragen pro Gruppe). 3. Vorbereitung der Präsentation – SuS verteilen die Zuständigkeiten innerhalb der Gruppe, sodass alle einen eigenen Beitrag leisten. – SuS üben die Präsentation ein und machen sich bei Bedarf Notizen zur Unterstützung des Vortrags.	GA GA GA GA GA	Tablets / Computer Tablets / Computer Papier / Stift
Präsentation	• Die Gruppen präsentieren ihre *comunidad autónoma*.	GA / PL	Tablets / Computer Beamer / IWB / TV
Sicherung	• Die Zuhörer haben die Möglichkeit, Rückfragen zum Inhalt zu stellen. • Die Gruppe stellt den Zuhörern ihre Fragen und moderiert die Antwort.	PL / SB PL / SB	
Evaluation	• Die Gruppe erhält Feedback zur Präsentation durch die Lerngruppe. • Die Gruppe reflektiert ihren Vortrag und benennt beispielsweise eventuelle Schwierigkeiten, die sich während des Prozesses ergeben haben.	PL / SB SB	

<table>
<tr><td>nombre:</td><td>clase:</td><td>fecha:</td></tr>
</table>

Presentar una comunidad autónoma

Los siguientes apuntes os pueden ayudar a estructurar la guía turística poniendo el enfoque en informaciones básicas:

✓ <u>localización geográfica:</u>
  – ¿Dónde está la comunidad autónoma dentro de España?
  – ¿Cuál es la capital?

✓ <u>informaciones sobre los habitantes:</u>
  – ¿Tienen un nombre especial?
  – ¿Cuánta gente vive en la comunidad autónoma?

✓ <u>consejos para pasar el tiempo libre:</u>
  – ¿Hay monumentos interesantes?
  – ¿Qué actividades pueden practicarse en el tiempo libre?

✓ <u>aspectos interesantes de...</u>
  ○ ... la cultura
  ○ ... la tradición
  ○ ... la historia
  ○ (...)

✓ <u>un hecho divertido:</u>
  – ¿Hay algo especial / divertido / ... que queréis mencionar?

4.10: El origen de los alimentos importados y su camino a Alemania – Der Weg von Importprodukten aus Spanien und Lateinamerika (Interaktives eBook)

Stundenthema / Kurzbeschreibung

Dieser Unterrichtsentwurf richtet den Fokus auf Spanien sowie auf Lateinamerika und speziell auf Importgüter, die in Deutschland erhältlich sind.

Die SuS recherchieren dabei zu Teilthemen wie dem Ursprung, dem Anbau, sie verfolgen den Weg nach Deutschland und überprüfen, wie die Waren dort verkauft werden und wie sie konsumiert werden. Aus allen Informationen stellen sie mit Adobe Spark Page Internetseiten zusammen, die wiederum aus verschiedenen Medien bestehen können: Sachtexte, Fotos, Karten, Statistiken oder auch Videosequenzen, o. ä. Diese interaktiven und multimedialen Webseiten sind ohne großen Aufwand und ohne Programmierkenntnisse erstellbar und durch die vielfältigen Möglichkeiten der Gestaltung durch Integration von den o.g. Medien durchaus sehr ansehnlich als finales Medienprodukt.

Ablauf:

1. Die SuS entscheiden sich in Gruppen für jeweils ein Produkt aus Spanien oder Lateinamerika, mit dem sie sich intensiv beschäftigen.
2. Die SuS überlegen sich Aspekte, die sie als erwähnenswert erachten und recherchieren dazu.
3. Die SuS gestalten eine Internetseite mit verschiedenen Medien.
4. Die Ergebnisse der Gruppen werden präsentiert. Dies kann beispielsweise mittels der Methode ‚Museumsgang‘ realisiert werden, bei dem jeweils ein Schüler pro Gruppe als Experte bereitsteht und den Zuhörern eine kurze Einleitung gibt, ehe diese sich die jeweilige Internetseite ansehen.
5. Als Abschluss bietet sich ein Quiz an, um den Kompetenzzuwachs zu überprüfen. Die entsprechenden Fragen und Antworten sollten von den Gruppen selbst im Rahmen der Erarbeitung erstellt werden.

Digitale Medien	• Tablets mit Internetzugang
	  – App: z.B. Adobe Spark Page (iOS / eine Version für Android ist laut dem Hersteller in der Entwicklung)
	• Computer mit Internetzugang
	  – Webtool: z.B. Adobe Spark Page

Vorbereitung	Sowohl für die App als auch für das Webtool Adobe Spark Page benötigen die SuS einen Zugang in Form eines Logins (Benutzername und Passwort). Diesen können Sie als Lehrkraft erstellen und die Daten an die SuS weitergeben. Auch hat sich gezeigt, dass es den SuS häufig gar nicht bewusst ist, dass Deutschland viele Produkte aus Spanien und Lateinamerika importiert. Hier ist eine Sensibilisierung notwendig, die gleichzeitig eine Hilfestellung für die Bearbeitung des Themas sein soll. Eine Übersicht über typische Importgüter als Impuls bietet sich an (siehe Kopiervorlage 4.10). Wenn die SuS Statistiken in ihre Internetseite einbauen und diese mit informativen Texten unterstützen wollen, benötigen sie dafür die entsprechenden Redemittel, um diese auch sprachlich auszuwerten. Dazu gehören etwa die Angabe von Prozentzahlen und Jahreszahlen. Auch Vokabular zu Verkehrsmitteln, mit denen die Produkte nach Deutschland gelangen, ist hilfreich. Für die Lokalisierung von Ländern speziell in Lateinamerika gibt es entsprechende Karten, die häufig Teil der Lehrwerke sind oder über die Verlage als Poster für den Klassenraum erhältlich sind.
Material	Eine Möglichkeit, um die SuS im Einstieg für das Thema zu sensibilisieren und zu motivieren, besteht darin, Realien von typischen Importgütern aus Spanien und Lateinamerika mitzubringen, die in Deutschland zu kaufen sind.

Sozialform	Die SuS beschäftigen sich arbeitsteilig in Gruppen (GA) mit verschiedenen Produkten, sodass am Ende der Unterrichtseinheit eine Übersicht über die Vielfalt der Importgüter aus Spanien und Lateinamerika entsteht. Die Präsentation findet im Klassenverbund (PL) statt.

Kompetenzbereich / Lehrplanbezug	• Kommunikative Kompetenzen
	  – Sprechen: zusammenhängendes Sprechen
	  – Leseverstehen
	  – Schreiben
	
	• Interkulturelle Kompetenzen
	  – Orientierungswissen: Gesellschaftliches Leben, Spanischsprachige Welt, Regionen, regionale Besonderheiten
	
	• Methodische Kompetenzen
	  – Leseverstehen
	  – Sprechen und Schreiben
	  – Umgang mit Texten und Medien
	  – Kooperatives Sprachenlernen
	
	• Verfügbarkeit von sprachlichen Mitteln und sprachliche Korrektheit
	  – Aussprache
	  – Grammatik
	  – Wortschatz
	  – Orthographie

Achtung: Stolperstein!	Urheberrechte Da die SuS voraussichtlich mit verschiedenen Medien und Materialien aus dem Internet arbeiten und diese mitunter in ihre eigene Internetseite integrieren, weisen Sie sie unbedingt auf die notwendigen Quellenangaben hin. Vor allem wenn die Ergebnisse der SuS wiederum veröffentlicht werden sollen, gewinnt dieses Thema umso mehr an Relevanz.
Weiterführende Gedanken / Alternativen	Als Abschluss zum dargestellten Unterrichtsverlauf bietet sich ein Quiz an, mit dem der Lernzuwachs der SuS spielerisch überprüft wird. Eine Möglichkeit, dies mit digitalen Medien zu tun, ist die App → Kahoot. Es hat sich bewährt, dass die SuS sich in den einzelnen Gruppen während der Erarbeitungsphase passende Fragen sowie vier Antwortmöglichkeiten (drei falsche und die richtige) überlegen, diese schriftlich festhalten und der Lehrkraft geben, die wiederum aus allen Fragen das Quiz erstellt.

Stundenverlauf

Phase	Unterrichtsverlauf	Sozialform	Material
Einstieg	Variante 1 • L bringt verschiedene importierte Güter als Realien mit und lässt die SuS Vermutungen anstellen, woher die Produkte jeweils kommen.	LI	Realien
	Variante 2 • L zeigt Fotos von Produkten und Ursprungsländer; SuS sollen diese als Paare zuordnen.	LI / UG	Fotos
	Variante 3 • L zeigt eine Statistik über Importe von Spanien bzw. Lateinamerika und SuS stellen Vermutungen an, um welche Produkte es sich handelt.	UG	Statistik

Erarbeitung	• SuS suchen sich in Gruppen ein Produkt aus.	GA	
	• SuS recherchieren: Ursprungsland, Anbau, Preis, Transportweg nach Europa, Bekanntheit und Konsumverhalten in Deutschland, …	GA	KV 4.10
	• SuS stellen eine interaktive Webseite mit verschiedenen Medien und Materialien zusammen.	GA	
Präsentation	• SuS präsentieren ihre Ergebnisse. – Beispielmethode: Museumsgang	PL	Tablets / Computer Beamer
Sicherung	• L erstellt aus passenden Fragen der einzelnen Gruppen ein abschließendes Quiz, das von den SuS gespielt wird, zum Beispiel mit der App → Kahoot.	PL	

nombre: clase: fecha:

Algunos productos importados de ...

España		América Latina	
el vino	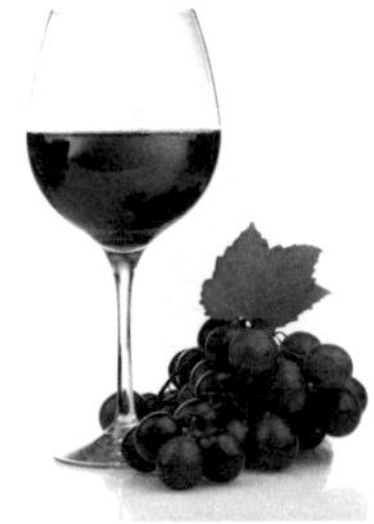 shutterstock/Africa Studio	la carne	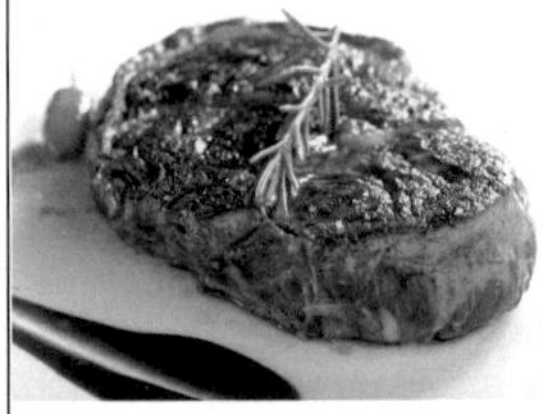 shutterstock/Visionsi
los cítricos	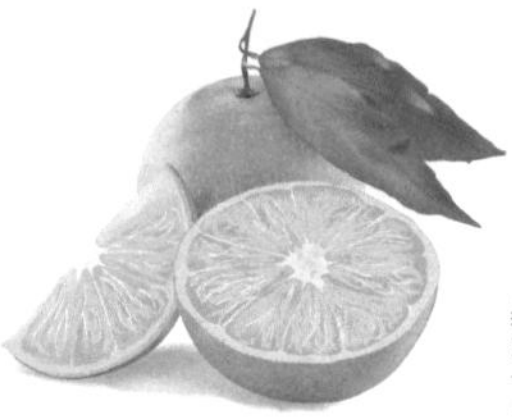 shutterstock/Vallka	el café	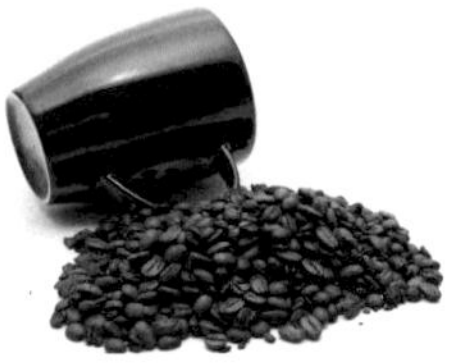 shutterstock/mayer kleinostheim
el pescado	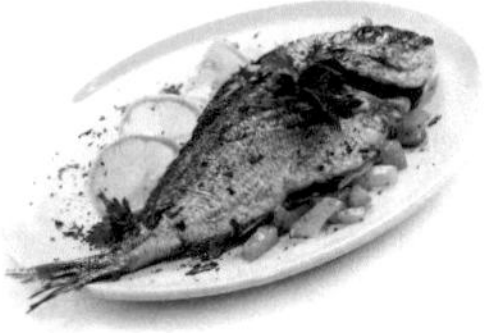 shutterstock/Jacek Chabraszewski	el petróleo	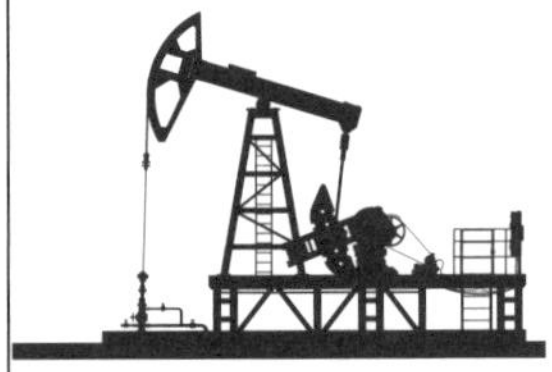 shutterstock/Makhnach_S
el jamón ibérico	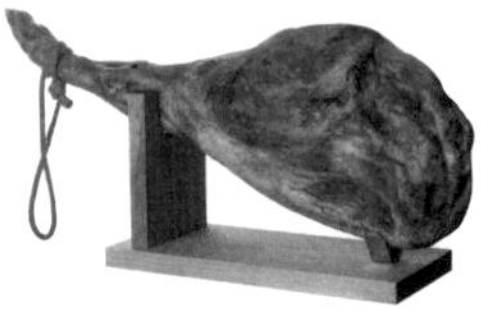 shutterstock/UbjsP	el plátano	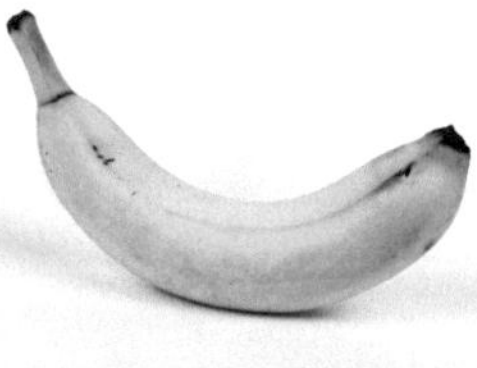 shutterstock/benpx
el tomate	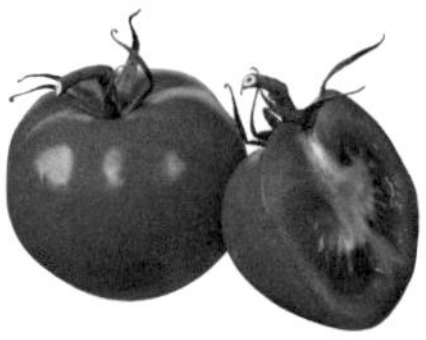 shutterstock/Pixelspieler	el maíz	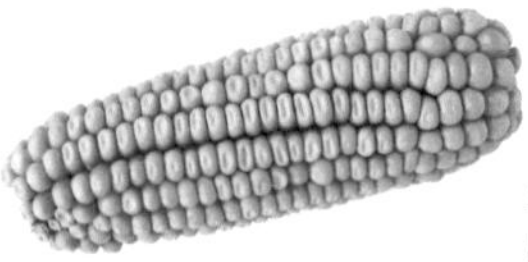 shutterstock/J.Schelkle

Autor: Christoph Dröge. Digital unterrichten. Apps & Co. im Spanischunterricht gezielt einsetzen.

4.11: El uso de los medios modernos de comunicación: ventajas y desventajas de las redes sociales – eine kritische Reflexion der Sozialen Netzwerke (Infografik)

Stundenthema / Kurzbeschreibung

Medienkompetent zu sein bedeutet nicht nur die aktive oder passive Nutzung etwa der digitalen Medien. Es gehören auch ein Überblickwissen über Funktionen, Einsatzmöglichkeiten, Vor- sowie Nachteile und weitere Aspekte dazu. Dieses Unterrichtsvorhaben zielt genau darauf ab. Die SuS setzen sich mit gegenwärtigen Sozialen Netzwerken und deren Anbietern auseinander und beleuchten die Angebote genauer, die sie vermutlich täglich intensiv nutzen. Entsprechende Studien vermitteln den Eindruck, dass sich Jugendliche oft nicht tiefgehend mit den oben genannten Bereichen beschäftigen, sodass die SuS im Rahmen dieses Szenarios auch dazu angehalten werden, ihr eigenes Medienverhalten zu reflektieren und über die bloße Nutzung hinaus möglicherweise neue Perspektiven auf die dominierenden Angebote zu erlangen. Zur Darstellung der Ergebnisse erstellen die SuS verschiedene Infografiken, die sehr übersichtlich sind und bei denen sich die SuS auf kreative Weise ausleben können. Es gibt verschiedene Anbieter, die entsprechende Werkzeuge hierfür anbieten. Neben dem ausgesuchten Angebot werden zwei Alternativen weiter unten erwähnt.

Ablauf:

1. Die SuS sammeln alle Angebote des Internets, die derzeit ihre Nutzung prägen (z.B. WhatsApp, Facebook, Instagram, Tellonym, Twitter, Tik Tok (zuvor: Musically), etc.) und verteilen diese auf verschiedene Kleingruppen.
2. Die Gruppen recherchieren zu Teilthemen wie grundlegende Funktionen, Gebrauch, Preis, Vor- und Nachteile und verfassen ein abschließendes Fazit aus ihrer Sicht.
3. Jede Gruppe erstellt eine Infografik mit den genannten Kriterien und gestaltet diese beliebig aus.
4. Die Ergebnisse werden in der Klasse präsentiert und reflektiert. Dazu bieten sich weiterführende Fragen an, etwa hinsichtlich der aktiven Nutzung durch die SuS und auch die erstellten Zusammenfassungen der Gruppen laden zur Diskussion ein. Auch ein Ranking bezüglich der Häufigkeit und Dauer der Nutzung durch die SuS ist eine Möglichkeit.

Es hat sich gezeigt, dass die SuS sich zu diesem Thema sehr differenziert äußern können und sehr motiviert sind, da es ihre Lebenswelt unmittelbar betrifft und sie als Experten zu diesem Thema vielfältige Einschätzungen liefern können und wollen. Eine durchgeführte Diskussion zur Frage nach dem Alter, ab dem Jugendliche ein Smartphone als Zugang zu oben genannten Angeboten haben sollten, im Anschluss an das dargestellte Unterrichtsvorhaben verlief sehr lebhaft und hat die SuS nach eigener Aussage zu einem differenzierteren Umgang angeregt.

Digitale Medien	• Computer mit Internetverbindung – Webtool: z.B. Easel.ly Dort finden Sie und ihre SuS Vorlagen, die adaptiert oder gänzlich verändert und an die eigenen Bedürfnisse angepasst werden können.
Vorbereitung	Da die SuS in der Regel die Angebote bereits in ihrem Alltag intensiv nutzen, verfügen sie meist schon über ein Grundwissen und haben sich eventuell schon Gedanken zu Vor- und Nachteilen gemacht oder auch schon positive oder auch negative Erfahrungen (wie Cybermobbing) gemacht – seien Sie darauf vorbereitet.
Material	Als Hilfestellung zur Erarbeitung können Sie den SuS entsprechende Leitfragen geben, welche die Recherche unterstützen und das vorhandene Grundwissen vertiefen sollen.
Sozialform	Die SuS arbeiten zu den unterschiedlichen Angeboten der Sozialen Netzwerke jeweils in Kleingruppen (GA) zusammen. Die Präsentation erfolgt im Klassenverband (PL).

Kompetenz-bereich / Lehrplanbezug	• Kommunikative Kompetenzen
	  – Sprechen: zusammenhängendes Sprechen, an Gesprächen teilnehmen
	  – Schreiben
	
	• Interkulturelle Kompetenzen
	  – Orientierungswissen: Persönliche Lebensgestaltung, gesellschaftliches Leben
	  – Werte, Haltungen und Einstellungen
		• Methodische Kompetenzen
		  – Sprechen und Schreiben
		  – Umgang mit Texten und Medien
		  – Kooperatives Sprachenlernen
		
		• Verfügbarkeit von sprachlichen Mitteln und sprachliche Korrektheit
		  – Grammatik
		  – Wortschatz
		  – Orthographie

Achtung: Stolperstein!	Urheberrechte Wenn die SuS eine Infografik zu einem Angebot erstellen, greifen sie gerne auf das offizielle Logo zurück, um einen Wiedererkennungswert zu schaffen und dem Betrachter direkt zu zeigen, worum es geht. Auch diese Logos unterliegen gängigen Benutzungsrechten. Häufig bieten die Anbieter zur Weiterverwendung oder als Werbemaßnahme vorgefertigte Logos oder Banner an, die einer besonderen Lizensierung unterliegen. Auch andere Grafiken unterliegen in der Regel den gängigen Urheberrechten und diese sollten unbedingt durch die SuS berücksichtigt werden – erst recht, wenn die Infografiken nach der Präsentation der Öffentlichkeit zugänglich gemacht werden sollen.	
Weiterführende Gedanken / Alternativen	Weitere Anbieter zur Erstellung von Infografiken sind das Webtool Canva und das Webtool bzw. die App: z.B. Adobe Spark Post (iOS / Android). Derlei Infografiken eignen sich auch für weitere Themen des Spanischunterrichts. So kann die Wortschatzarbeit dadurch unterstützt werden, indem etwa der Wortschatz zu thematischen Wortfeldern durch Grafiken dargestellt wird (z.B.: *en la playa*). Auch Themen der spanischen Grammatik können visuell aufbereitet werden, beispielsweise die Gegenüberstellung der Verben *ser y estar* mit Adjektiv. Auch die üblichen Tempora können strukturiert dargestellt werden, indem etwa die regelmäßigen von den unregelmäßigen Formen abgehoben werden oder die allgemeine Bildung von Formen auf kreative Weise durch die SuS präsentiert wird (z.B.: *el pretérito perfecto*).	

Stundenverlauf

Phase	Unterrichtsverlauf	Sozialform	Material
Einstieg	• L schreibt das Thema *las redes sociales* an und SuS nennen passende Angebote, die sie kennen und die sie (täglich) nutzen.	LI / UG	
Erarbeitung	• SuS suchen sich in Gruppen ein Angebot aus und recherchieren dazu (z.B. Funktionen, Preis, Vor- und Nachteile). • SuS erstellen eine Infografik mit den o.g. Informationen. • SuS verfassen und ergänzen eine schriftliche Bewertung.	GA	KV 4.11 Computer
Präsentation	• SuS präsentieren ihre Ergebnisse.	PL	Tablets / Computer Beamer / IWB / TV
Evaluation	• SuS bewerten die Angebote und ordnen sich diesen als aktive Nutzer zu. • SuS erstellen ein Ranking (z.B.: *¿Cuál es la red social más utilizada por vosotros y por qué?*).	SB / UG	

| nombre: | clase: | fecha: |

Las redes sociales

- el nombre de la red social: _______________________________

✓ ¿Utilizáis la red social?

✓ ¿Hay una app para los teléfonos inteligentes / las tabletas?

✓ ¿Qué funciones tiene?

✓ ¿Hay que pagar para usarla?

✓ ¿Su uso tiene ventajas / desventajas?

✓ (...)

✓ ¿Podéis recomendarla?

4.12: Consejos para navegar por internet de forma segura –
Empfehlungen für einen sicheren Umgang mit dem Internet (Erklärvideo)

Stundenthema / Kurzbeschreibung

Der nachfolgende Unterrichtsentwurf hängt thematisch eng mit dem vorausgehenden zusammen (siehe Unterrichtsentwurf 4.11) und beide können daher auch problemlos innerhalb einer Sequenz miteinander kombiniert werden. Das gewonnene Hintergrundwissen aus der Auseinandersetzung mit typischen Angeboten gängiger Sozialer Netzwerke kann hierfür hilfreich sein – die SuS können die Bearbeitung aber auch isoliert erledigen. Das Ziel dieses Vorhabens ist die Erstellung von übersichtlichen Erklärvideos mit Empfehlungen zum richtigen Umgang mit dem Internet. Dazu können Ratschläge bezüglich der Preisgabe persönlicher Daten gehören, aber auch der Umgang miteinander bei der Kommunikation via Internet oder das Verhalten bei negativen Erfahrungen (z.B. Cyberbullying, Cybergrooming, Fake-News, Hate-Speech, Verletzung der Bildrechte oder des Urheberrechts) sind Ansätze, die von den SuS reflektiert und aufbereitet werden. Als Teil der Medienkompetenz Ihrer SuS sollten diese auch in diesem Bereich entsprechendes Wissen besitzen, das sie durch die Umsetzung in Form von Erklärvideos zu einer intensiven Auseinandersetzung anregt.

Ablauf:

1. Die SuS verteilen die für sie relevanten Teilthemen auf verschiedene Gruppen, die sich daraufhin schwerpunktmäßig damit auseinandersetzen. Als Orientierung können entsprechende Impulsfragen dienen (siehe Kopiervorlage 4.12).
2. Die SuS arbeiten sich innerhalb ihrer Gruppe in das jeweilige Teilthema ein und reflektieren es angesichts der Aufgabenstellung. Anschließend formulieren sie spezifische Ratschläge für einen sicheren Umgang mit dem Internet unter Berücksichtigung ihres Teilthemas.
3. Aus den Ratschlägen stellen die Gruppen jeweils ein Erklärvideo zusammen. Dieses sollte neben einer Einführung in das Teilthema visuell unterstützende Elemente und Animationen enthalten, welche die schriftlichen Ratschläge entsprechend unterstützen. Auch eine Vertonung der Ratschläge durch passende Audiokommentare sind denkbar, aber nicht zwingend erforderlich.
4. Die Erklärvideos werden in der Klasse präsentiert und ausgewertet. Dabei können sich die SuS zu ihrem individuellen Erkenntnisgewinn äußern oder auch ihr bisheriges Internetnutzungsverhalten reflektieren.

Digitale Medien	• Computer mit Internetzugang – Webtool: z.B. PowtToon
Vorbereitung	Da die SuS durch die tägliche Nutzung des Internets als Teil ihrer Lebenswelt sowie die dabei gemachten Erfahrungen schon ein Stück weit als Experten gelten können, sollten Sie damit rechnen, dass sie schon entsprechendes Wissen und Ideen mitbringen werden. Auch in anderen Fächern können derlei Themen schon angesprochen worden sein, sodass Sie eventuell darauf aufbauen können.
Material	Bei der Recherche können die SuS auf zahlreiche Materialien verschiedener Anbieter zum Thema zurückgreifen. Häufig können Sie als Lehrkraft auch entsprechende Broschüren, Ratgeber etc. bestellen – diese sind in der Regel kostenlos oder als Onlineversion erhältlich. Es gibt viele weitere Quellen für geeignete Materialien – hier helfen gängige Suchmaschinen schnell und unkompliziert weiter. Auch die einzelnen Bundesländer bieten Informationen zu der Thematik über eigene Webseiten an. Ebenso sind Internetseiten in der spanischen Sprache empfehlenswert, da sie typische Formulierungen und wiederkehrende Redemittel nutzen.
Sozialform	Die SuS arbeiten in Kleingruppen (GA) und fokussieren sich je Gruppe auf ein Teilthema. Die Präsentation findet im Klassenverband (PL) statt.

Kompetenz-
bereich /
Lehrplanbezug
	• Kommunikative Kompetenzen
	  – Sprechen: zusammenhängendes Sprechen
	  – Schreiben
	
	• Interkulturelle Kompetenzen
	  – Orientierungswissen: Persönliche Lebensgestaltung, gesellschaftliches Leben
	  – Werte, Handlungen und Einstellungen
	
	• Methodische Kompetenzen
	  – Sprechen
	  – Umgang mit Texten und Medien
	  – Kooperatives Sprachenlernen
	
	• Verfügbarkeit von sprachlichen Mitteln und sprachliche Korrektheit
	  – Aussprache und Intonation
	  – Wortschatz

Achtung: Stolperstein!	Die Formulierung von Ratschlägen kann in der spanischen Sprache durch mehrere Möglichkeiten erfolgen: – eine Konstruktion mit dem Verb *recomendar* + *infinitivo* und gegebenenfalls der Negation *no* (z.B.: *No se recomienda publicar fotos difamatorias de otras personas; Se recomienda utilizar un nombre de usuario en las redes sociales*) – die Verwendung des affirmativen Imperativs (z.B.: *¡Crea un perfil privado en todas las redes sociales!*) – die Verwendung des negativen Imperativs (z.B.: *¡No publiques nunca tu dirección completa!*) Schauen Sie, welche Möglichkeiten am besten zu Ihrer konkreten Lerngruppe und deren Lernstand passen. Gerade der negative Imperativ mit der formgleichen Verwendung des *subjuntivo* ist den SuS meistens auch in späteren Lernjahren noch unbekannt – auch wenn sie die Fremdsprache schon ab Klasse 6 erlernen.
Weiterführende Gedanken / Alternativen	Eine Alternative zur Erstellung von Erklärvideos ist die beliebte App Explain Everything. Auch mit der integrierten Kamera eines Smartphones und Tablets oder einer Digitalkamera können die SuS mittels Legetechnik von zusätzlich erstellten Materialien auf Papier ein Erklärvideo erstellen.

Stundenverlauf

Phase	Unterrichtsverlauf	Sozialform	Material
Einstieg	Variante 1 • L zeigt kritische Thesen, die Nachteile der Internet-nutzung thematisieren (z.B. passende Überschriften von Zeitungsartikeln).	LI	Thesen / Überschriften aus Zeitung
	Variante 2 • L zeigt Statistiken, die Gefahren des Internets darstellen (Nutzungsdauer, Häufigkeit von Cyberbullying, Cybergrooming, Hate-Speech, Fake-News, …).	LI	Statistiken
Überleitung	• L zeigt Impulsfragen, um die SuS für mögliche Themen zu sensibilisieren.	LI	KV 4.12

Erarbeitung	• SuS wählen in Gruppen ein Teilthema und recherchieren grundlegende Informationen dazu.	GA	Tablets / Computer
	• SuS formulieren Ratschläge für einen sicheren Umgang mit dem Internet vor dem Hintergrund des jeweiligen Teilthemas.	GA	
	• SuS entwerfen ein Erklärvideo, in dem sie das Teilthema erklären und ihre Ratschläge aufzeigen.	GA	Computer / Tablets
Präsentation	• SuS präsentieren ihre Ergebnisse.	PL	Tablets / Computer Beamer / IWB / TV
Evaluation	• SuS bewerten die Teilthemen hinsichtlich der Relevanz und äußern eigene Erfahrungen und ihren Umgang damit. • SuS formulieren ggf. ihren Erkenntniszuwachs.	SB / UG	

nombre:	clase:	fecha:

Navegar por internet de forma segura

✓ ¿Recomendáis el uso de las redes sociales en general?

✓ ¿Qué información no se debe compartir?
   – *P. ej.: los datos personales, el número de teléfono, el correo electrónico*

✓ ¿Qué tipo de fotos (no) se deben publicar?

✓ ¿Utilizáis la misma contraseña para todas vuestras cuentas?

✓ ¿Qué recomendáis para proteger la privacidad en las redes sociales?

✓ ¿Qué hay que hacer en caso de *ciberbullying*?

✓ ¿Cómo se pueden detectar noticias falsas?

✓ ¿Qué hay que tener en cuenta respecto a los derechos del autor?

✓ (…)

4.13: Características típicas de nuestra generación –
Entwurf eines Selbstbildes einer Generation (Interaktives eBook)

Stundenthema / Kurzbeschreibung

Dieser Unterrichtsentwurf ist wieder eng an den SuS selbst und an ihrer Lebenswelt orientiert. Er zielt darauf ab, dass die SuS sich selbst bzw. ihre Generation auf einer Metaebene reflektieren und daraus Rückschlüsse über Charakteristika ziehen und diese anschließend präsentieren.

Die Gestaltung kann mit verschiedenen digitalen Medien geschehen (siehe unten), wobei bei allen Wegen ein gemeinsames Endergebnis aus den jeweiligen Teilergebnissen zusammengefügt werden soll, um so einen Überblick zu erlangen. Auch eine Kombination verschiedener Vorgehensweisen ist denkbar, aber es sollte eher auf Einheitlichkeit geachtet werden, damit es bei der Zusammenstellung keine Probleme durch verschiedene Formate gibt. Ein Vorschlag ist, mit der App bzw. dem Webtool Book Creator zu arbeiten, um als finales Medienprodukt eine Art Zeitschrift zum Thema *nuestra generación* zu erstellen.

Ablauf:

1. Die SuS überlegen sich charakteristische Merkmale, die sie und ihre Lebenswelt prägen und daher als typisch für die eigene Generation gewertet werden können. Dazu können die folgenden Stichpunkte gehören, die nur als Anregung dienen und keinesfalls den Anspruch auf Vollständigkeit erheben: Kleidung, Musik, Freizeitbeschäftigung, Werte, oder bestimmte Gegenstände (z.B. Videokonsolen und -spiele, Smartphones, bestimmte Apps). Auch Klischees über die Generation können aufgegriffen und durch die SuS bewertet werden. Recherchiert man im Internet zu einer Typisierung, dann stößt man schnell auf die Bezeichnung ,*Generation Z*‘, die als Schlagwort für die aktuelle Generation der SuS formuliert wurde.
2. Die SuS treffen eine Auswahl der Charakteristika, die sie als treffend bewerten und teilen diese auf verschiedene Kleingruppen auf.
3. Die einzelnen Gruppen recherchieren zu den Charakteristika und planen, wie sie diese passend darstellen können. Neben Informationen in Form von Sachtexten bieten sich auch visuelle Darstellungen (Bilder, Fotos, Grafiken) als Unterstützung an.
4. Jede Gruppe gestaltet einen Entwurf mittels Book Creator, in dem die Ergebnisse der Recherche strukturiert zusammengeführt werden.
5. Die Entwürfe werden in der Klasse präsentiert und können von allen SuS vertiefend kommentiert und bewertet werden.
6. Die Lehrkraft stellt alle Entwürfe zu einem gemeinsamen finalen Endprodukt zusammen – die Zeitschrift als Übersicht über die Generation der SuS. Zusätzlich sollten ein ansprechendes Deckblatt und ein Inhaltsverzeichnis gestaltet werden.
7. Auf dieser Grundlage können die SuS sich weitergehend äußern, welche Charakteristika sie (für sich) als besonders treffend oder als eher zu unwichtig ansehen. Auch ein Ranking ist denkbar.

Digitale Medien	• Tablets
	  – App: z.B. Book Creator (iOS)
	  – Android: hier benötigen Sie den Browser Chrome und das Webtool (s.u.)
	• Computer mit Internetzugang
	  – Webtool: z.B. Book Creator; hier benötigen Sie ebenfalls den Browser Chrome für den Zugang zum Webtool

Vorbereitung	Da der Verlauf stark von der jeweiligen Lerngruppe und den Perspektiven der SuS abhängt, bedarf es für Sie als Lehrkraft keiner großen Vorbereitung. Die SuS und deren Lebenswelt stehen hier im Vordergrund und der Unterrichtsverlauf lebt von den konkreten Ideen Ihrer SuS. Als Impuls kann eine bereits vorhandene Einschätzung eingesetzt werden, die im Internet oder der Presse zu finden ist. Ansonsten kann davon ausgegangen werden, dass die SuS ein entsprechendes Bewusstsein dafür haben, welche Charakteristika ihre Lebenswelt gegenwärtig ausmachen.
Material	Als Hilfestellung können Sie den SuS passende Impulsfragen austeilen, welche die Reflektion stützen sollen (siehe Kopiervorlage 4.13). Auch hier ist eine (spontane) gemeinsame Erarbeitung, etwa in Form einer Mind-Map, eine Option.

Sozialform	Die SuS arbeiten in Kleingruppen (GA) mit dem Ziel, aus den arbeitsteilig erstellten Teilergebnissen eine zusammenhängende Präsentation im Klassenverband (PL) zu konzipieren, die sich schließlich auch in einem gemeinsamen Endprodukt widerspiegelt.
Kompetenzbereich / Lehrplanbezug	• Kommunikative Kompetenzen – Hörverstehen – Sprechen: zusammenhängendes Sprechen – Schreiben • Interkulturelle Kompetenzen – Orientierungswissen: Persönliche Lebensgestaltung, gesellschaftliches Leben – Werte, Handlungen und Einstellungen • Methodische Kompetenzen – Sprechen und Schreiben – Umgang mit Texten und Medien – Kooperatives Sprachenlernen • Verfügbarkeit von sprachlichen Mitteln und sprachliche Korrektheit – Grammatik – Wortschatz – Orthographie
Achtung: Stolperstein!	Urheberrechte Wenn die SuS Material aus dem Internet (Fotos, Grafiken, Bilder, Videos oder Musik) nutzen, um eine entsprechende visuelle Unterstützung für ihren Entwurf einzubauen, sollten sie die gängigen Urheberrechte beachten und entsprechende Quellenangaben berücksichtigen. Dies wird ungleich wichtiger, wenn das finale Medienprodukt nach Beendigung veröffentlicht werden soll, gehört aber in jedem Fall zum adäquaten Umgang mit Fremdmaterial.
Weiterführende Gedanken / Alternativen	Weitere Möglichkeiten der Umsetzung des Unterrichtsentwurfes zur Darstellung der eigenen Generation mittels digitaler Medien sind: • Podcasts: Die SuS erstellen in den Gruppen jeweils eine Podcastaufnahme zum jeweiligen Charakteristikum. • Infografiken: Die SuS erstellen in den Gruppen jeweils eine Infografik als Übersicht zum jeweiligen Charakteristikum. Die einzelnen Infografiken können im Anschluss im Stil einer Zeitschrift mit entsprechendem Deckblatt und Inhaltsverzeichnis zusammengefügt werden.

Stundenverlauf

Phase	Unterrichtsverlauf	Sozialform	Material
Einstieg	• L schreibt das Thema *nuestra generación* an. • SuS nennen typische Charakteristika und L hält diese schriftlich in Form einer *mapa mental* fest. • ggf. Impulsfragen der Kopiervorlage zur Unterstützung	LB SB / UG	 KV 4.13
Erarbeitung	• SuS wählen in Gruppen jeweils einen der genannten Aspekte aus. • SuS recherchieren zum jeweiligen Aspekt weiterführende Informationen. • SuS gestalten eine Übersicht in der App bzw. dem Webtool Book Creator.	GA GA GA	 Tablets / Computer Tablets / Computer

Präsentation	• SuS präsentieren ihre Ergebnisse.	PL	Tablets / Computer Beamer / IWB / TV
Sicherung	• L erstellt aus den einzelnen Ergebnissen der Gruppen eine zusammenhängende Übersicht.		Tablet / Computer
Evaluation	• SuS bewerten die Charakteristika (z.B.: *Para mí la característica más (in-)apropiada es … / Para mí las características más importantes de nuestra generación son …*).	SB / UG	

nombre:	clase:	fecha:

Características de nuestra generación

televisión

tecnología

miedos

deseo

marcas

futuro

opiniones

tiempo libre

modelos

tabletas

comunicación

música

sueños

nuestra generación

series

profesiones

valores personales

(in-)dependencia

consumo de productos

moda

teléfonos inteligentes

apps

globalización

videojuegos

4.14: Mi vida dentro de los próximos 10 o 20 años – Pläne für die Zukunft (Comic)

Stundenthema / Kurzbeschreibung

Dieser Unterrichtsentwurf dreht sich ebenfalls um die SuS – diesmal mit einem Fokus auf das Individuum. Die SuS entwerfen Ideen, wie ihr Leben in den kommenden 10 (oder 20) Jahren verlaufen wird und welche Meilensteine sie gerne erreichen wollen (Schulabschluss, Beruf, Familie, Wohnort, …). Selbstverständlich sind auch andere Zeiträume denkbar. Ihre Vorstellungen setzen sie um, indem sie einen Comic gestalten. Eine Idee zur konkreten Umsetzung ist, dass die SuS pro Teilbild des Comics eine Jahreszahl anvisieren und dieses Bild entsprechend gestalten – beispielsweise mit einem symbolischen Bild oder einem ⟶ Bitmoji, der sie in einer entsprechenden Situation zeigt. Für die Umsetzung als Comic gibt es verschiedene Angebote im Internet – eine davon ist die App Comic Life 3.

Ablauf:

1. Die SuS überlegen sich Meilensteine, die sie in dem vorgegebenen Zeitraum erreichen wollen und wann diese jeweils etwa denkbar sind. Dabei können die Impulsfragen der Kopiervorlage 4.14 als Hilfe dienen.
2. Die SuS entwerfen, jeder individuell, eine Skizze für den Comic. Dieser sollte je Teilbild eine Jahreszahl, eine Kurzbeschreibung sowie ein symbolisches Bild enthalten.
3. Die SuS recherchieren nach benötigten Materialien oder erstellen diese selbst und fügen alle Informationen zu einem digitalen Comic zusammen.
4. Die Ergebnisse werden präsentiert. Dies kann zunächst in Partnerarbeit erfolgen, sodass die SuS in einem vergleichsweise geschützten Raum zunächst ihre Präsentation üben können, ehe sie ihren fertigen Comic auch weiteren Mitschülern in Gruppen oder dem Klassenverband vorstellen.
5. Die fertigen Comics können anschließend in der Klasse aufgehängt werden, um die Arbeit der SuS entsprechend zu würdigen.

Digitale Medien	• Tablets
	  – App: z.B. Comic Life 3 (iOS)
	• Computer mit Internetzugang
	  – Software: z.B. Comic Life 3 (Windows / macOS)
	  – Webtool: z.B. Canva

Vorbereitung	Bevor die konkrete Umsetzung mit dem Tablet oder Computer erfolgt, sollten die SuS eine Skizze auf Papier entwerfen und sich vorab überlegen, welchen Text und welches Bild sie verwenden wollen.
	Um kleine Textbausteine je Teilbild des Comics anzugeben, benötigen die SuS die entsprechenden Konstruktionen. Es gibt mehrere Möglichkeiten, um in der spanischen Sprache über die Pläne in der Zukunft zu sprechen:
	
	• *el futuro*: die Zukunftsform für zeitlich weiter entfernte Ereignisse
	  (z.B.: *Viviré en una casa grande con mi familia.*)
	• *el verbo querer*: Konstruktionen mit *querer + verbo en infinitvo*
	  (z.B.: *Quiero trabajar de / como …*)
	• *el verbo esperar*: Konstruktionen mit *esperar + verbo en infinitivo*
	  (z.B.: *Espero tener tres hijos.*)
	• *el condicional del verbo gustar*: Konstruktionen mit der Konditionalform von
	  gustar + verbo en infinitivo (z.B.: *Me gustaría tener muchos coches diferentes.*)

Material	Abgesehen von einem Blatt Papier für den ersten Entwurf benötigen die SuS kein weiteres Material, da sie alle benötigten Materialien wie Bilder aus dem Internet nehmen. Als weitere Hilfestellungen können Sie den SuS die Vorlage mit Impuls-fragen geben (siehe Kopiervorlage 4.14).
Sozialform	Da jeder Schüler über seine eigenen Vorstellungen berichtet, findet der Großteil des Unterrichts in einer Phase der Einzelarbeit (EA) statt. Erst bei der Präsentation in Partnerarbeit (PA), innerhalb von Gruppen (GA) oder im Klassenverband (PL) ändert sich die Sozialform.

Kompetenz-
bereich /
Lehrplanbezug
	• Kommunikative Kompetenzen
	  – Sprechen: zusammenhängendes
	    Sprechen
	  – Schreiben
	
	• Interkulturelle Kompetenzen
	  – Orientierungswissen: Persönliche
	    Lebensgestaltung, Ausbildung /
	    Schule / Beruf
	  – Werte, Handlungen und Einstellungen
		• Methodische Kompetenzen
		  – Sprechen und Schreiben
		  – Umgang mit Texten und Medien
		  – Selbständiges Sprachenlernen
		
		• Verfügbarkeit von sprachlichen Mitteln
		  und sprachliche Korrektheit
		  – Aussprache und Intonation
		  – Grammatik
		  – Wortschatz
		  – Orthographie

Achtung: Stolperstein!	Häufig nutzen die SuS die Kombination aus *esperar que + verbo*, um ihre Hoffnungen, Wünsche, Träume etc. auszudrücken, da diese der Konstruktion in der deutschen Sprache ähnelt (*Ich hoffe, dass ich ...*). Da in diesem Fall aber eine Verbform des *subjuntivo* notwendig ist, jedoch kein Wechsel des Subjekts in Haupt- und Nebensatz erforderlich ist, weisen Sie Ihre SuS darauf hin, dass die Konstruktion *esperar + verbo en infinitivo* ausreicht.	
Weiterführende Gedanken / Alternativen	Zwei Alternativen zur Erstellung eines Comics sind: • das Webtool Make Beliefs Comix • die App bzw. das Webtool BookCreator	

Stundenverlauf

Phase	Unterrichtsverlauf	Sozialform	Material
Einstieg	Variante 1 • L befragt einzelne SuS nach ihren Zukunftsplänen (z.B.: *Martin, ¿quieres tener hijos? – Elvan, ¿vivirás en una casa o en un piso?*). Variante 2 • L stellt exemplarische Meilensteine für die Zukunft eines fiktiven Charakters vor (*la vida de Juan dentro de 10 años*).	LI / UG LI	KV 4.14
Erarbeitung	• SuS überlegen sich, wie ihr Leben innerhalb des gemeinsam festgelegten Zeitraumes aussehen soll. • ggf.: SuS erstellen einen Entwurf als Vorlage • SuS entwerfen auf der Grundlage ihrer Überlegungen einen Comic; jedes Teilbild soll einen Meilenstein zeigen mit einer angepeilten Jahreszahl und einer kurzen Information sowie einem symbolischen Bild.	EA EA EA	KV 4.14 Tablets / Computer
Präsentation	• SuS präsentieren ihre Ergebnisse. Dies kann zunächst in Partner- und dann in Gruppenarbeit geschehen. • Einzelne SuS präsentieren ihre Ergebnisse in der Klasse.	PA / GA PL	Tablets / Computer Tablets / Computer Beamer / IWB / TV

nombre:	clase:	fecha:

Mi vida dentro de los próximos _______ años

... estudiar o hacer una formación profesional?

... ganar mucho dinero?

... tener mascotas?

... tener un coche caro?

... explorar el mundo?

Si piensas en tu futuro:

¿Quieres ...

... vivir en la ciudad o en el campo?

... trabajar mucho?

... tener hijos?

... ser independiente?

... pasar mucho tiempo con tus amigos?

Cornelsen Digital unterrichten – Spanisch 5–10

Bonus: Tipps für weitere Werkzeuge (Apps / Webtools)

Bitmojis

• App: iOS / Android (Smartphone)

Mit einer App, z.B. Bitmoji, kann man sich kostenlos einen Avatar im Cartoon-Stil erstellen. Dieser kann vom Scheitel bis zur Sohle ausgestaltet werden mit vielen Möglichkeiten, das äußere Erscheinungsbild sehr detailliert den eigenen Wünschen anzupassen. So lassen sich die Avatare beliebig gestalten und man kann auch einen Avatar als Abbild der eigenen Person erschaffen. Der fertige Avatar wird dann von der App automatisch in verschiedene Szenen eingebunden. Hierbei bietet die App eine Vielzahl an Vorlagen, die eine große Bandbreite an Alltagsszenen abdecken. Wählt man ein Bild in der Übersicht aus, kann man dieses beispielsweise im Foto-Ordner des Smartphones abspeichern und in anderen Kontexten weiterverwenden. Wenn man also ein echtes Foto der eigenen Person oder einer anderen Person vermeiden möchte, dann kann man einen Bitmoji (mit der passenden Szenerie) an benötigter Stelle einsetzen. Auch zur Auflockerung von Arbeitsblättern, bei Präsentationen oder allgemein zum Einsatz bei der Erstellung von Medienprodukten bieten sich Bitmojis an. Wenn man die Sprache des Smartphones in den Systemeinstellungen umstellt (z.B. auf Spanisch), dann passt die App nach einem Neustart dieser die Texte der Bilder an und sie erscheinen in der gewählten Sprache.

QR-Codes

QR-Codes begegnen uns bereits häufig im Alltag – beispielsweise auf Werbeplakaten. Die kleinen Quadrate, die sich wiederum aus schwarzen und weißen Kästchen zusammensetzen, fallen zwar auf, doch benötigt man technische Hilfsmittel im Umgang mit ihnen. Hinter dem Muster verstecken sich Informationen, die in dem Code chiffriert vorliegen. Das können Internetlinks, Text, eine E-Mail-Adresse, eine virtuelle Visitenkarte, etc. sein. Die Dechiffrierung erfolgt mithilfe eines Smartphones oder Tablets und einer entsprechenden App. Seitdem Apple sein Betriebssystem iOS auf Version 11 aktualisiert hat, können QR-Codes auch mit der integrierten Kamerafunktion ausgelesen werden.

Dafür öffnet man einfach die Kamera des Gerätes, richtet sie auf den QR-Code und am oberen Bildrand erscheint eine Meldung, auf die man klickt, um an die Informationen zu gelangen.
Für QR-Codes, die eine Internetadresse enthalten, benötigt man einen Internetzugang, um die entsprechende Webseite öffnen zu können. Wenn Text hinterlegt ist, kann das Gerät auch offline sein.
Im Unterricht sind QR-Codes hilfreiche Werkzeuge mit vielfältigen Einsatzmöglichkeiten. Für den Spanischunterricht konkret seien die folgenden exemplarisch genannt:

• ein Link zu verschiedenen Medien im Internet (Foto, Zeitungsartikel, Blogbeitrag, Musikvideo, o.a.), der möglicherweise sehr lang und eine komplexe Kombination aus Buchstaben, Zahlen und Zeichen ist. Dieser kann mithilfe eines QR-Codes grafisch dargestellt und somit zugänglicher gemacht werden.
• ein Link, der zu einem Erklärvideo, zu Online-Übungen oder zu einer Webseite mit weiterführenden Erklärungen führt. Hierdurch können die SuS binnendifferenziert arbeiten und sich bei Bedarf zusätzliche Informationen einholen oder wenn sie Aufgaben schnell erledigt haben, zusätzliche Übungen im Internet lösen.
• Lösungen zu Aufgaben können als Text mithilfe eines QR-Codes chiffriert werden, sodass die SuS ein Smartphone oder Tablet benötigen, um diese lesen zu können. Das verhindert, dass sie unmittelbar auf diese gucken, ohne sich eventuell selbst die Mühe zu machen, sich mit den Aufgaben auseinanderzusetzen.

Als Lehrkraft haben Sie dabei die Möglichkeit, den QR-Code mit den entsprechenden Informationen direkt auf dem Arbeitsblatt, das die SuS bekommen, einzubauen oder ihn auszudrucken und an die Tafel zu hängen oder Sie projizieren ihn digital – je nachdem, wie die SuS damit arbeiten sollen. Wenn Sie mehrere QR-Codes gleichzeitig einsetzen, weisen Sie die SuS darauf hin, dass sie beim Auslesen darauf achten, dass die nicht gewünschten QR-Codes verdeckt werden, sodass es zu keinen technischen / Problemen kommt.
QR-Codes sind in Sekundenschnelle erstellt. Entsprechende Generatoren finden Sie im Internet (manche Apps, die QR-Codes lesen, können auch welche erstellen). Dort wählen Sie, was der QR-Code darstellen soll, geben die entsprechenden Informationen ein (z.B. einen Internetlink) und der QR-Code wird in Echtzeit erstellt und erscheint auf der Webseite. Diesen können Sie bei Bedarf noch farblich und in seiner Größe anpassen und anschließend herunterladen, um ihn weiterzuverwenden.

Kahoot

- Webtool: Kahoot (für Lehrkräfte zur Erstellung eines Quiz und für Schüler zur Teilnahme am Quiz gibt es jeweils einen eigenen Link)
- App: Kahoot (iOS / Android; für Schüler, zur Teilnahme am Quiz als Alternative zur Webseite)

Bei Kahoot handelt es sich um ein kostenloses Webtool, das mittlerweile schon vielen Lehrkräften bekannt ist. Mit dem Webtool erstellen Sie (oder ihre SuS) ein Quiz und spielen es anschließend gemeinsam im Klassenraum. Die Fragen werden über einen Beamer oder ein TV-Gerät projiziert, indem Sie das Quiz über einen Computer oder ein Tablet mit Internetzugang starten. Dabei wird ein Zahlencode generiert, den die SuS auf der passenden Webseite oder in der zugehörigen App eingeben. Ein Computer, ein Tablet oder ein Smartphone (z.B. die Geräte der SuS) fungieren hierbei als Controller, auf dem die Wahl der (vermeintlich) richtigen Antwort bestätigt wird. Eine Registrierung der Teilnehmer ist nicht nötig. Lediglich ein Benutzername, den die SuS frei auswählen können und der anschließend vor dem Start des Quiz auf einem Startbildschirm erscheint, ist für die Teilnahme erforderlich. Startet der Lehrer dann das Quiz, werden alle erstellten Fragen auf dem Hauptbildschirm angezeigt sowie ein paar Sekunden danach die vier vorgefertigten Antwortmöglichkeiten, die mit vier Farben und Symbolen gekennzeichnet sind. Auf dem Bildschirm des Gerätes, das als Controller herhält, sehen die SuS ebendiese Farben bzw. Symbole in der entsprechenden Reihenfolge und wählen da ihren Vorschlag für die richtige Antwort aus.

Sie können während des Erstellens verschiedene Einstellungen vornehmen. Neben der Frage und den vier Antwortmöglichkeiten können Sie zusätzlich ein Bild einfügen, die maximale Zeit zum Antworten festlegen, die Fragen und Antwortmöglichkeiten nach dem Zufallsprinzip vom System anordnen lassen und viele weitere Anpassungen vornehmen.

Kahoot bietet sich vor allem zum Abschluss einer Unterrichtseinheit (oder einer Unterrichtssequenz oder eines gesamten Unterrichtsvorhabens) an und weist ein sehr hohes Motivationspotenzial in allen Jahrgangsstufen auf. Ob Sie ein Bild zeigen und die SuS müssen aus vier Vokabeln die richtige heraussuchen oder die Frage als einen Satz gestalten, der eine Lücke enthält und deren Antwort die SuS auswählen sollen – es gibt viele Möglichkeiten, ein Quiz zu gestalten. Auch zur spielerischen Wiederholung können Sie Kahoot einsetzen oder Sie lassen die SuS Fragen und Antwortmöglichkeiten vorbereiten und erstellen auf dieser Grundlage ein Quiz. Auch zur Überprüfung von Detailwissen – beispielsweise bei der Akzentsetzung, wenn ein Wort mit einem Akzent an vier verschiedenen Stellen, von denen nur eine korrekt ist, gezeigt wird – ist der Einsatz von Kahoot möglich.

Urheberrecht

Wann immer Sie oder Ihre SuS mit Materialien aus dem Internet arbeiten und diese zur Weiterverwendung nutzen wollen, wird das Thema Urheberrechte relevant. Die Vorgaben und die Nutzungsmodelle sind komplex und oft sehr unübersichtlich. Bevor man jedoch Gefahr läuft, Urheberrechte zu verletzen, sollte man sich zunächst immer über die entsprechenden Vorgaben informieren. Eine Anlaufstelle für eine Übersicht des komplexen Themas ist die Internetseite von iRights. Eine Standardisierung von Lizenzformaten unternimmt die Organisation Creative Commons (kurz: CC), indem verschiedene Modelle klar definiert werden und die damit verbundenen Rechte und Pflichten einheitlich festgelegt werden.

Es gibt Datenbanken, die kostenlose Bilder unter freier Lizenz oder mit vergleichsweise lockeren Lizenzen sammeln, z.B.: Pixabay, Freepik, Flickr (über die erweiterte Suche), Wikimedia Commons oder Openclipart. Beachten Sie auch bei (vermeintlich) kostenlosen Bildern immer jeweils die Vorgaben des Anbieters sowie des Autors, da diese im Einzelfall abweichen können.